MW01181524

METODO PARA TOCAR GUITARRA SIN MAESTRO

METODO PARA TOCAR GUITARRA SIN MAESTRO

Delibes No. 96 Col. Guadalupe Victoria C.P. 07790
México, D.F. Tel: 5 356 4405, Fax: 5 356 6599
Página Web: www.berbera.com.mx
Correo electrónico: editores@berbera.com.mx

© **Aprenda a Tocar Guitarra
sin Maestro.**

ISBN: 968-5566-32-1

Impreso en México
Printed in Mexico.

𝄞

ASPECTOS IMPORTANTES QUE USTED DEBE CONOCER

𝄞

Partes que conforman la guitarra

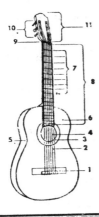

1- Puente
2- Cuerdas
3- Boquilla
4- Boca
5- Aros o Costados
6- Tapa Superior
7- Trastes
8- Diapason
9- Ceja Superior
10- Clavijas o Maquinaria
11- Cabeza o Pala

DEDOS Mano izquierda

1- Indice   3- Anular
2- Medio   4- Meñique

C-1 Ceja en el 1er. traste
b   Bajo secundario
B   Bajo fundamental

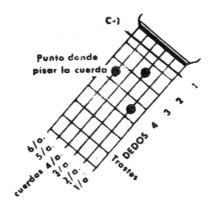

Modo Correcto de tomar la guitarra

La guitarra deberá asirse del brazo con la mano izquierda

El pie derecho debe descansar con seguridad en el suelo y el izquierdo sobre un banquillo de unos veinte centímetros de altura.

El dedo pulgar de la mano izquierda debe estar apoyado exactamente en el centro de la media luna que se localiza en la parte posterior del brazo.

El brazo derecho debe pasarse sobre la parte superior de la guitarra de manera que caiga naturalmente y tenga absoluta soltura para efectuar los movimientos necesarios.

La mano izquierda tiene la misión de aplicar sobre el diapasón las pisadas o posiciones, mientras que la derecha debe rasgar las cuerdas para producir los sonidos que se deseen.

Debe tenerse en cuenta que mientras mayor comodidad haya en la postura para tocar la guitarra, mayor facilidad habrá para ejecutar ésta.

El Editor.

Afinación de la guitarra

Las seis cuerdas de la guitarra, se denominan de arriba hacia abajo, ó sea de la más gruesa a la más delgada, 6a., 5a., 4a., 3a., 2a., y 1a. cuerdas. Estas cuerdas deben tener una relación de notas exactas, para que los acordes, al colocar las posiciones, se escuchen armónicos.

● **La Sexta cuerda:**
Se afina al oido, de tal manera que dé un sonid claro, y que no quede muy tensa.

  ● **La Quinta cuerda:**
  Su sonido debe ser el mismo de la sexta cuerda, pisada en el quinto traste.

    ● **La Cuarta cuerda:**
    Debe sonar igual que la quinta cuerda, pisada en el quinto traste

      ● **La Tercera cuerda:**
      Se afina tensándola de modo que su sonido sea el de la cuarta cuerda pisada en el quinto traste.

        ● **La Segunda cuerda:**
        Su sonido deberá ser igual que la tercera cuerda, presionada ahora en el cuarto traste.

          ● **La Primera cuerda:**
          Se afina hasta hacerla sonar igual que la segunda cuerda pisada en el quinto traste.

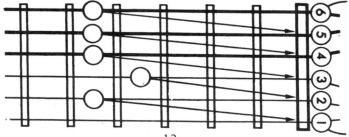

ESTIMADO LECTOR:

De los siete cuadros de diagramas que aparecen a continuación, seleccione el que mejor se acomode a su tono de voz, con el cual podrá acompañar cualquiera de las melodías que publicamos en este libro.

Tonos vecinos

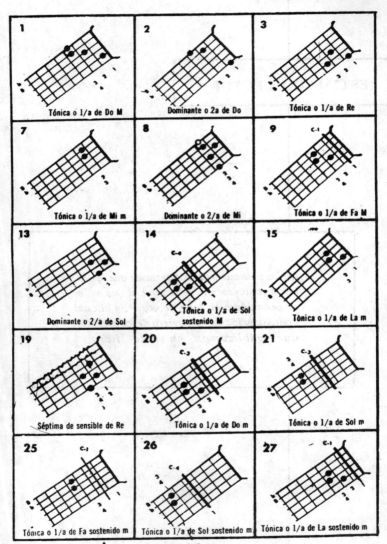

1 — Tónica o 1/a de Do M

2 — Dominante o 2a de Do

3 — Tónica o 1/a de Re

7 — Tónica o 1/a de Mi m

8 — Dominante o 2/a de Mi

9 — Tónica o 1/a de Fa M

13 — Dominante o 2/a de Sol

14 — Tónica o 1/a de Sol sostenido M

15 — Tónica o 1/a de La m

19 — Séptima de sensible de Re

20 — Tónica o 1/a de Do m

21 — Tónica o 1/a de Sol m

25 — Tónica o 1/a de Fa sostenido m

26 — Tónica o 1/a de Sol sostenido m

27 — Tónica o 1/a de La sostenido m

16

de Do Menor

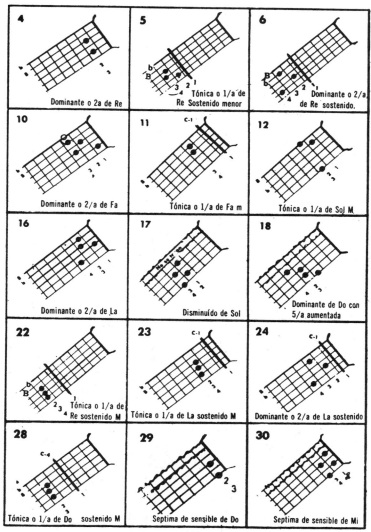

Chord diagrams:

4 — Dominante o 2a de Re

5 — Tónica o 1/a de Re Sostenido menor

6 — Dominante o 2/a de Re sostenido.

10 — Dominante o 2/a de Fa

11 — Tónica o 1/a de Fa m

12 — Tónica o 1/a de Sol M

16 — Dominante o 2/a de La

17 — Disminuído de Sol

18 — Dominante de Do con 5/a aumentada

22 — Tónica o 1/a de Re sostenido M

23 — Tónica o 1/a de La sostenido M

24 — Dominante o 2/a de La sostenido

28 — Tónica o 1/a de Do sostenido M

29 — Septima de sensible de Do

30 — Septima de sensible de Mi

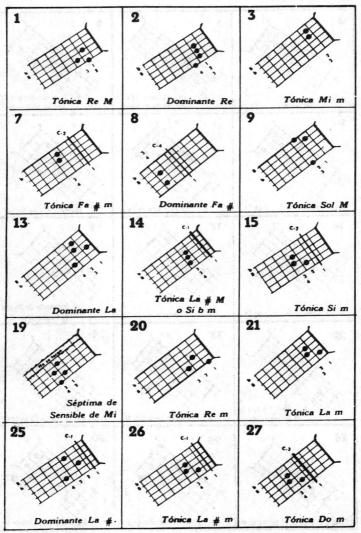

18

de Re Menor

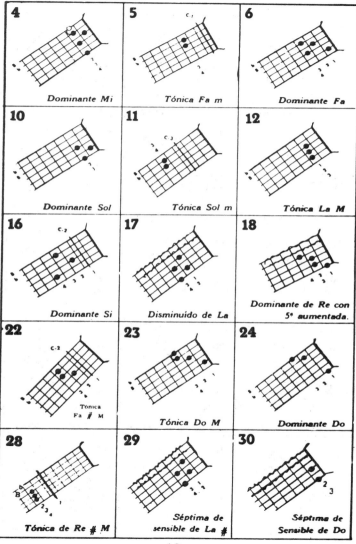

4 — Dominante Mi

5 — Tónica Fa m

6 — Dominante Fa

10 — Dominante Sol

11 — Tónica Sol m

12 — Tónica La M

16 — Dominante Si

17 — Disminuido de La

18 — Dominante de Re con 5ª aumentada.

22 — Tónica Fa # M

23 — Tónica Do M

24 — Dominante Do

28 — Tónica de Re # M

29 — Séptima de sensible de La #

30 — Séptima de Sensible de Do

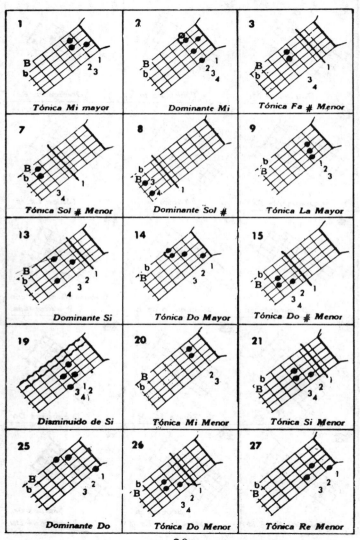

1 — Tónica Mi mayor

2 — Dominante Mi

3 — Tónica Fa # Menor

7 — Tónica Sol # Menor

8 — Dominante Sol #

9 — Tónica La Mayor

13 — Dominante Si

14 — Tónica Do Mayor

15 — Tónica Do # Menor

19 — Disminuido de Si

20 — Tónica Mi Menor

21 — Tónica Si Menor

25 — Dominante Do

26 — Tónica Do Menor

27 — Tónica Re Menor

de Mi Menor

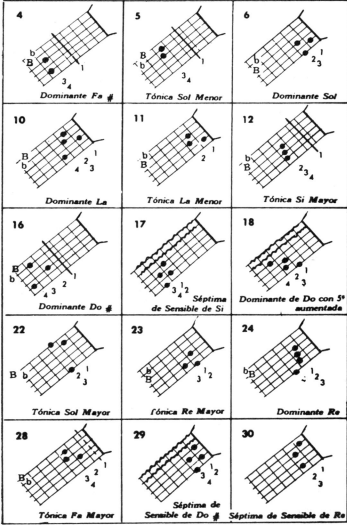

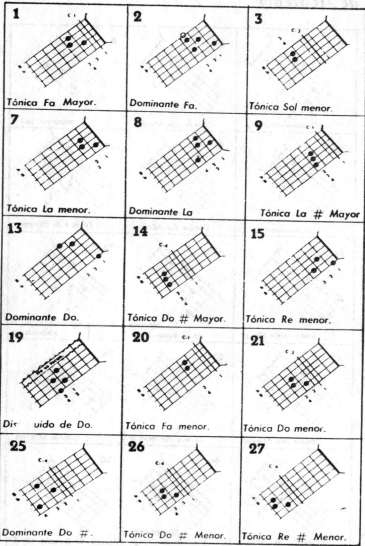

1	2	3
Tónica Fa Mayor.	Dominante Fa.	Tónica Sol menor.
7	**8**	**9**
Tónica La menor.	Dominante La	Tónica La # Mayor
13	**14**	**15**
Dominante Do.	Tónica Do # Mayor.	Tónica Re menor.
19	**20**	**21**
Dis uido de Do.	Tónica Fa menor.	Tónica Do menor.
25	**26**	**27**
Dominante Do #.	Tónica Do # Menor.	Tónica Re # Menor.

de Fa Menor

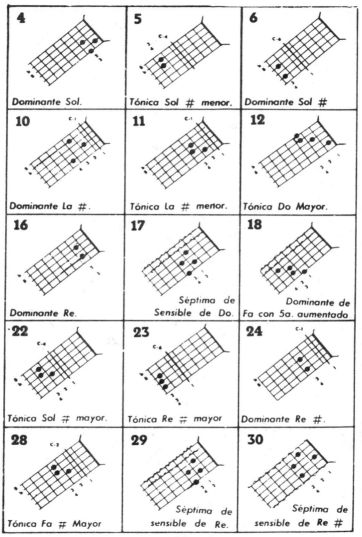

4 Dominante Sol.	**5** Tónica Sol # menor.	**6** Dominante Sol #
10 Dominante La #.	**11** Tónica La # menor.	**12** Tónica Do Mayor.
16 Dominante Re.	**17** Séptima de Sensible de Do.	**18** Dominante de Fa con 5a. aumentada
22 Tónica Sol # mayor.	**23** Tónica Re # mayor	**24** Dominante Re #.
28 Tónica Fa # Mayor	**29** Séptima de sensible de Re.	**30** Séptima de sensible de Re #

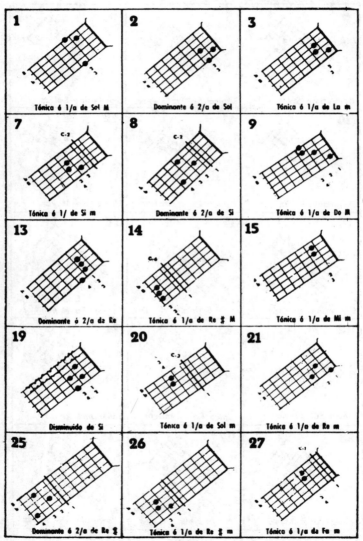

1 Tónica ó 1/a de Sol M

2 Dominante ó 2/a de Sol

3 Tónica ó 1/a de La m

7 Tónica ó 1/ de Si m

8 Dominante ó 2/a de Si

9 Tónica ó 1/a de Do M

13 Dominante ó 2/a de Re

14 Tónica ó 1/a de Re ♯ M

15 Tónica ó 1/a de Mi m

19 Disminuido de Si

20 Tónica ó 1/a de Sol m

21 Tónica ó 1/a de Re m

25 Dominante ó 2/a de Re ♯

26 Tónica ó 1/a de Re ♯ m

27 Tónica ó 1/a da Fa m

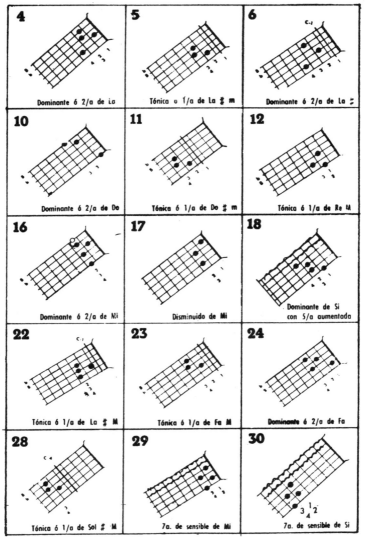

4 — Dominante ó 2/a de La

5 — Tónica o 1/a de La ♯ m

6 — Dominante ó 2/a de La ♮

10 — Dominante ó 2/a de Do

11 — Tónica ó 1/a de Do ♯ m

12 — Tónica ó 1/a de Re M

16 — Dominante ó 2/a de Mi

17 — Disminuido de Mi

18 — Dominante de Si con 5/a aumentada

22 — Tónica ó 1/a de La ♯ M

23 — Tónica ó 1/a de Fa M

24 — Dominante ó 2/a de Fa

28 — Tónica ó 1/a de Sol ♯ M

29 — 7a. de sensible de Mi

30 — 7a. de sensible de Si

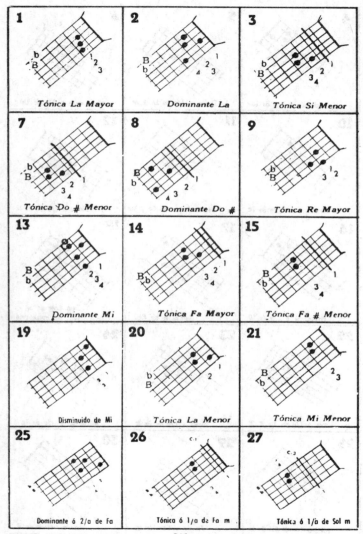

1 Tónica La Mayor	**2** Dominante La	**3** Tónica Si Menor
7 Tónica Do # Menor	**8** Dominante Do #	**9** Tónica Re Mayor
13 Dominante Mi	**14** Tónica Fa Mayor	**15** Tónica Fa # Menor
19 Disminuido de Mi	**20** Tónica La Menor	**21** Tónica Mi Menor
25 Dominante ó 2/a de Fa	**26** Tónica ó 1/a de Fa m	**27** Tónica ó 1/a de Sol m

26

de La Menor

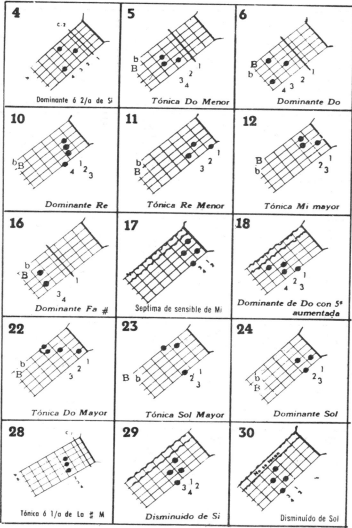

4	5	6
Dominante ó 2/a de Si	Tónica Do Menor	Dominante Do
10	11	12
Dominante Re	Tónica Re Menor	Tónica Mi mayor
16	17	18
Dominante Fa #	Septima de sensible de Mi	Dominante de Do con 5ª aumentada
22	23	24
Tónica Do Mayor	Tónica Sol Mayor	Dominante Sol
28	29	30
Tónica ó 1/a de La # M	Disminuido de Si	Disminuído de Sol

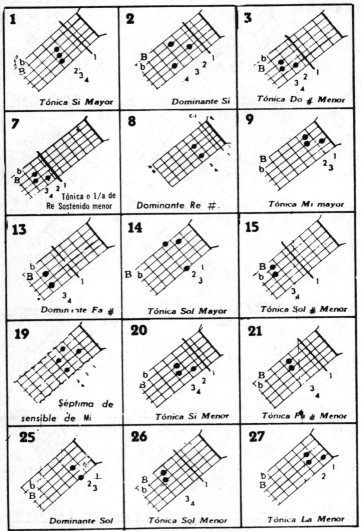

1 Tónica Si Mayor

2 Dominante Si

3 Tónica Do # Menor

7 Tónica o 1/a de Re Sostenido menor

8 Dominante Re #.

9 Tónica Mi mayor

13 Dominante Fa #

14 Tónica Sol Mayor

15 Tónica Sol # Menor

19 Séptima de sensible de Mi

20 Tónica Si Menor

21 Tónica Fa # Menor

25 Dominante Sol

26 Tónica Sol Menor

27 Tónica La Menor

de Si Menor

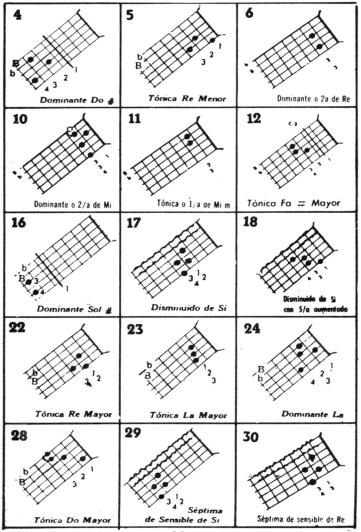

Uso del Capotrasto

El Capotrasto es un aparato que se utiliza con el fin de poder cambiar la tonalidad sin modificar las posiciones del tono que se está tocando.

Ejemplo:

Si se está tocando una canción en el tono de LA MAYOR y se quiere cambiar al tono de DO MAYOR sin modificar las posiciones, coloque el Capotrasto en el tercer traste y de esta manera con posiciones de LA MAYOR estará acompañando en DO MAYOR

Tabla para el uso del Copotrasto

TONO QUE ESTA TOCANDO	POSICION DEL CAPOTRASTO	TONO QUE PASA A SER
Mi	3er. traste	Sol
Re	2o. "	Mi
Mi	1er. "	Fa
Sol	2o. "	La
La	5o. "	Re
Sol	5o. "	Do
La	2o. "	Si
Mi	5o. "	La
La	3o. "	Do

RITMOS

♪♬♪

Ritmo de Bolero Romántico

El ritmo de BOLERO ROMANTICO se compone de cuatro rasgueos. Las flechas indican el orden y rumbo en que se ejecutan los rasgueos; mismos que se harán sucesivamente a modo de lograr el ritmo requerido. (Ver figura).

↓ Ritmo de Bolero Romántico

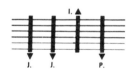

P. PULGAR   I INDICE   J. JUNTOS

Ritmo de Balada

El ritmo de balada se ejecuta con seis golpes o rasgueos, éstos se dan con los dedos pulgar, índice y juntos. Cada golpe o rasgueo se hace en todas las cuerdas. Los rasgueos se hacen también, sucesivamente. Todos con la misma rapidez. Las flechitas indican el rumbo y orden en que se hacen los rasgueos o golpes.

Ritmo de Balada

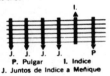

J.   J.   J.   J.   P
P. Pulgar   I. Indice
J. Juntos de Indice a Meñique

34

Ritmo de Rock

El ritmo de Rock and Roll consta de cuatro movimientos que se dan en la siguiente forma:

1.—Se da un bajo con el dedo pulgar.
2.—En seguida se da un armónico con el dedo índice de abajo hacia arriba.
3.—Por último se dan dos armónicos con toda la mano de arriba hacia abajo.

Ritmo de Rock

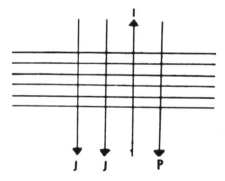

Ritmo de Twist

El ritmo de TWIST se compone de seis golpes.
Estos se ejecutan con los dedos: P. PULGAR,
I. INDICE. J. JUNTOS; sucesivos y rápidos, las
flechitas en la figura indican el rumbo y orden en que se harán los golpes.

Ritmo de Twist

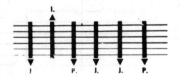

Ritmo de Bolero Beguine

El ritmo **de** BOLERO BEGUINE se logra con siete movimientos o rasgueos

B.—BAJO, A.—ARMONIA.

Se ejecutan en este orden:

1. BAJO, 2. ARMONIA, 3. ARMONIA, 4. BAJO,
5. ARMONIA, 6. BAJO. 7. ARMONIA.

Ritmo de Bolero Beguine

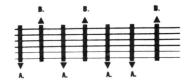

MELODIAS

♪♪♫♪♪

TOMATE UNA COPA.

de Ramón Inclán

Exito de Javier Solís

Siéntate a mi lado
mi reciente amiga,
tómate una copa
mientras escuchamos
aquella canción.

Tú no me conoces
ni yo te conozco,
pero este momento
quiero ser tu amigo
por una ocasión.

Si ves en mis ojos
lágrimas que corren;
no es que esté llorando
es que estoy fumando
y el humo me entró.

Siéntate a mi lado
tómate una copa,
mientras vas secando
el llanto que el humo
en mis ojos dejó.

1 — Tónica o 1/a de Do M

2 — Dominante o 2a de Do

3 — Tónica o 1/a de Re M

9 — Tónica o 1/a de Fa M

10 — Dominante o 2/a de Fa

11 — Tónica o 1/a de Fa m

24 — Dominante o 2/a de La sostenido

30 — Septima de sensible de Mi

Y YA

DE
José Angel Espinoza

Quiero verte una vez más y ya
devolverte aquel pañuelo
y aquel mechón de tu pelo
que me diste cuando niños
como prueba de sinceridad.
Quiero verte una vez más y ya
recordar los viejos tiempos
que vivimos tan contentos
antes de tu falsedad.
Quiero verte una vez más y ya
aprenderme de memoria
tu carita que es la gloria
y que no veré ya más.
Quiero verte una vez más y ya
que sea nuestra despedida
yo me alejo de tu vida
para no volver jamás.
Quiero verte una vez más y ya.

1	
	Tónica ó 1/a de Do M

2	
	Dominante o 2a de Do

9	
	Tónica o 1/a de Fa M

10	
	Dominante o 2/a de Fa

21	
	Tónica o 1/a de Sol m

30	
	Septima de sensible de Mi

CAMINANDO POR LAS NOCHES

de Oswaldo Geldres

EXITO de Los ANGELES NEGROS

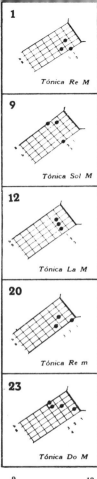

20
Voy caminando por la noche
23   20
bajo letras de neón
12   20
y en la ciudad indiferente,
              12
nacen las sombras y el temor
20
el Sol verá por la ventana
23   20
mi solitaria habitación.
12   20
sabrán mis padres que he partido
              12
el hijo los abandonó

1   9   12
yo quiero lograr en mi libertad
              1
un mundo mejor.
              9   12
yo quiero vivir luchar y alcanzar
              1
mi propio valor
       9   1   9   1
y un día volver para demostrar
       9   12
que ya soy mejor
20
la aurora alumbrará ya mis lunas
       23   20
y sé que tengo que sufrir

12   20
la calle se abre a mi destino
              12
yo debo conocer el fin
20
vendrán los días y los años
       23   20
también feliz yo voy a ser
12   20
una muchacha ir a mi lado
                            12
y un hijo que he de comprender
1   9   12
yo quiero lograr en mi libertad
              1
un mundo mejor

9   12
yo quiero vivir luchar y alcanzar
              1
mi propio valor
       9   1   9   1
y un día volver para demostrar
       9   12
que ya soy mejor.

Tónica Re M

Tónica Sol M

Tónica La M

Tónica Re m

Tónica Do M

43

DEJAME CONOCERTE

²⁰   ¹¹
Deja conocerte,
²   ²⁰
déjame soñar,
     ¹¹
vivir un momento
²   ²⁰
de felicidad.
     ¹¹
Déjame besarte
²⁰   ²⁰
con todo este amor,
     ¹¹
quiero conocerte,
²   ²⁰
sentir tu calor.
¹⁴   ²³   ²²
Ven ven amor,
¹⁴   ²³   ²²
ven, ven a mi,
²   ²⁰
seremos muy felices,
¹⁴   ²⁰
tú de mí y yo de ti.

El mundialmente famoso baladista y compositor **PAUL ANKA** es el autor de este éxito que ha servido para que , **JOSE JOSE,** el príncipe de la canción, ocupe por enésima vez el primer lugar de popularidad.

     ¹¹
Amar es muy fácil
²
a alguien como tú,
²⁰   ¹¹
piel con piel unidos,
²   ²⁰
soñando los dos.
     ¹¹
Mirando la lluvia
²   ²⁰
del cielo al caer,
     ¹¹
pensando que el mundo
²   ²⁰
sólo nuestro es.
¹⁴   ²³   ²²
Ven ven amor,
¹⁴   ²³   ²²
ven, ven a mí,
²   ²⁰
seremos muy felices,
²³   ²⁰
tú de mí y yo de ti.
¹⁴   ²³   ²²
Ven, ven amor,
¹⁴   ²³   ²²
ven, ven a mí,
²   ²⁰
seremos muy felices,
²³   ²⁰
tú de mí y yo de ti.

Ven, ven amor. . . etc.

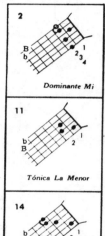

Dominante Mi

Tónica La Menor

Tónica Do Mayor

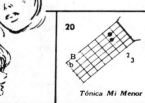

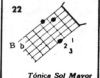

Tónica Mi Menor

Tónica Sol Mayor

Tónica Re Mayor

44

DEJENME SI ESTOY LLORANDO

de Alonso Curiel-Nelson Ned

1 7
Déjenme si estoy llorando
9
y un consuelo estoy buscando,
1
quiero estar solo con mi dolor;
9   1
si me ves que a solas voy llorando
2
es que estoy de pronto recordando
1   2
a un amor que no consigo olvidar.
1   7
Déjenme si estoy llorando,
9
es que sigo procurando
1
en cada lágrima darme paz;
9   1
pues el llanto le hace bien al alma
2
si ha sufrido perdiendo la calma
1   2
y yo quiero olvidar que tu amor ya se fue.
9   7
Si me ven que estoy llorando
3
es que a solas voy sacando
2   1   10
la nostalgia que ahora vive en mí,
9   1
no me pidan ni una explicación
2
y es que no ha de hallar en mi corazón.
1   10
la felicidad que ya perdí
9   1
y anegado en este mar de llanto
2
sentiré que no te quise tanto
3   1
y quizá me olvidaré de ti.

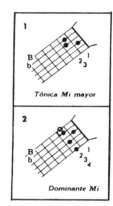

Tónica Mi mayor

Dominante Mi

EXITO de Los ANGELES NEGROS

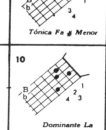

Tónica Fa # Menor

Tónica Sol # Menor

Tónica La Mayor

Dominante La

45

DEJENME LLORAR

Déjenme llorar [1]
porque estoy herido, [2]
quién en este mundo
no ha llorado nunca
por algún motivo. [1]
Déjenme llorar
[10] [9]
como llora un niño
cuando le han robado [1]
el lindo juguete [2]
que más ha querido. [1]
Quién me la robo, [2]
no sabría decirlo [1]
si antes de ser yo [2]
tuvo mil amigos. [1]

DE HOMERO AGUILAR

Exito de Los Freddys

Alguien regresó
[10] [9]
y le habló al oído
para convencerla [1]
y ella se entregó [2]
por algún motivo. [1]
[9] [1]
Déjenme llorar
déjenme arrancarme [2]
mi mejor cariño... [1]
mi mejor cariño... [2] [1]
mi mejor cariño. [2] [1]

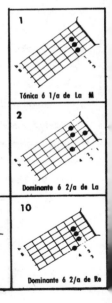

1 — Tónica 6 1/a de La M

2 — Dominante 6 2/a de La

9 — Tónica 6 1/a de Re M

10 — Dominante 6 2/a de Re

CANTA MUCHACHO CANTA.

Exito de la Tropa Loca

Canta muchacho canta
aunque te sientas
morir de amor
aunque ella te ha dejado
no te abandones a tu dolor
no ha terminado todo
si su cariño ya
no tendrás.

Canta muchacho canta
que otra muchacha
encontrarás.

Canta muchacho canta
una canción que te
hará olvidar
cántale a la esperanza
que tu canción te ha
de consolar.

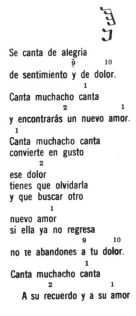

Se canta de alegría
de sentimiento y de dolor.

Canta muchacho canta
y encontrarás un nuevo amor.

Canta muchacho canta
convierte en gusto
ese dolor
tienes que olvidarla
y que buscar otro
nuevo amor
si ella ya no regresa
no te abandones a tu dolor.

Canta muchacho canta
A su recuerdo y a su amor

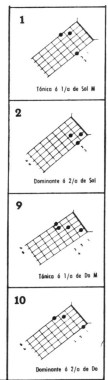

1 — Tónica ó 1/a de Sol M

2 — Dominante ó 2/a de Sol

9 — Tónica ó 1/a de Do M

10 — Dominante ó 2/a de Do

El ritmo de esta canción es llevado mediante **tres** bajos y **tres armónicos** y el orden en que se rasguean es el siguiente: **B,A, B,B,A,A.** El primer y **tercer armónicos** se hacen en la dirección de arriba hacia abajo y el **segundo** en la dirección de abajo hacia arriba. Todos los bajos se hacen con el dedo pulgar y los armónicos con el dedo índice, con excepción del último, que se hace con tóda la mano.

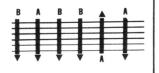

CORAZON DE ROCA

de
LUNA DE LA FUENTE
D.A.R.

 2   1   15   3
Cómo lograr que te fijes en mí,
 2   1   15   3
cómo lograr tu sencilla pasión,
 2   1   15
pero te hicieron de roca
          3   2   1   15   3
y no puedes con el corazón.
 2   1   15   3
Te llevo dentro de mi corazón,
 2   1   15   3
como una extraña y sencilla pasión,
 2   1   15   3
pero te hicieron de roca y no puedes
 2   1   15   3
mujer consentida escuchar mi canto
 2   1   15   3
en esta canción.
 2   1   15   3
Yo sé que tú me quieres,
 2   1   15   3
pero nunca lo dirás,
 2   1   15   3
y sé que hasta has deseado
 2 1 15   3
dejarme de amar.
 2   1   15   3
Te llevo dentro de mi corazón,
 2   1   15   3
como una extraña y sencilla pasión
 2   1   15   3
pero te hicieron de roca y no puedes
 2   1   15   3
mujer consentida escuchar mi canto
 2   1   15   3
en esta canción,
 2   1   15   3
en esta canción,

 2   1   15   3
en esta canción,
 2   1
en esta canción.

Exito de
LOS Fresno

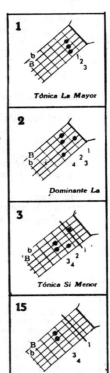

1 Tónica La Mayor

2 Dominante La

3 Tónica Si Menor

15 Tónica Fa ♯ Menor

48

LAS PALOMAS

de Joe Mejía

Éxito de
Angélica María

Qué serenas las palomas
que en el aire van volando,
qué felices en su viaje
mientras yo tan desdichada.
Se posaron y llorando
les quería preguntar
que el amor que tanto quiero
me ayudaran a encontrar.
No imaginas como heriste
a mi noble corazón,
no maldigo tu abandono
culpo al destino traidor.
Bajo un árbol muy frondoso
allí me puse a llorar,
donde yo escribí tu nombre
tus recuerdos quedarán.
Por el campo muy solita
platicando con las aves,
se me olvida mi tristeza
me consuelan sus cantares.
Nacieron las amapolas
que no habían brotado nunca
si me muero aquí solita
pónmelas sobre mi tumba.

1

Tónica ó 1/a de La M

2

Dominante ó 2/a de La

-9

Tónica ó 1/a de Re M

49

EL MONSTRUO

de Pickett _ Capizzi - L. Hernández

1
En una noche oscura

de terrible tempestad,
15
allá en Zacazonapan

empezaron a gritar
9
los monstruos tenebrosos

Franskestein y Blackamán
2
comieron quezadillas

de vampiro con pipián.
1
Qué monstruos son,
15
qué monstruos son,
9
Qué monstruos son,
2
qué monstruos son.
1
Bailaba la llorona

en los brazos de Aquamán
15
y Drácula volaba

al compás del cha - cha - chá,
9
Morticia se peinaba

con cajeta y aguarrás
2
mientras que el hombre lobo

aullaba sin cesar.

1
Qué monstruos son,
15
qué monstruos son,.
9
Qué monstruos son,
2
qué monstruos son.
9
En una jaula de hule

pendiente de un dragón
2
se hallaba un pajarillo

cantando su buen son,
9
Ciriaca le bailaba

tamaño charlestón
2
y a mi me acongojaba

tremendo tortijón.

1

Tónica Mi mayor

2

Dominante Mi

1
Qué monstruos son,
15
qué monstruos son,
9
Qué monstruos son,
2
qué monstruos son.
1
Después el gato loco

la luna contempló
15
ladrando el pobrecito,

rumiando se quedó,
9
con rebanadas de aire

murió de indigestión
2
aquel pobre gatito

murió murió y murió.

9

Tónica La Mayor

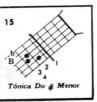

15

Tónica Do # Menor

EL REY

de José Alfredo Jiménez

R

dirás que no me quisiste
pero vas a estar muy triste
y así te vas a quedar.
9
Con dinero y sin dinero
hago siempre lo que quiero
2
y mi palabra es la ley,
no tengo trono ni reina
ni nadie que me comprenda
1
pero sigo siendo el rey.
Una piedra del camino
me enseñó que mi destino
2
era rodar y rodar,

CORO

(rodar y rodar), rodar y rodar)

1
Yo sé bien que estoy afuera
pero el día que yo me muera
2
sé que tendrás que llorar,

CORO

(llorar y llorar, llorar y llorar)

J

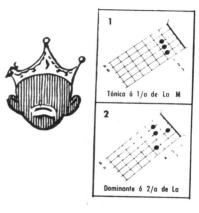

Tónica ó 1/a de La M

Dominante ó 2/a de La

después me dijo un arriero
que no hay que llegar primero
1
pero hay que saber llegar.
9
Con dinero y sin dinero
hago siempre lo que quiero
2
y mi palabra es la ley,
no tengo trono ni reina
ni nadie que me comprenda
1
pero sigo siendo el rey.

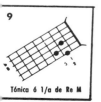

Tónica ó 1/a de Re M

51

ESTA TRISTEZA MIA

de Antonio Valdés

Esta tristeza mía,
y este dolor tan grande
lo traigo bien profundo
pues me han dejado
solo en el mundo.
Ya ni llorar es bueno
cuando no hay esperanza,
ya ni el vino mitiga
las penas amargas
que a mí me matan.
Yo no sé qué será de mi suerte
que de mi no se apiada ni Dios,
ay, pobres de mis ojos,
cuánto han llorado por tu traición.

EXITO DE
Víctor Iturbe
"PIRULÍ"

1 — Tónica ó 1/a de Sol M

2 — Dominante ó 2/a de Sol

9 — Tónica ó 1/a de Do M

12 — Tónica ó 1/a de Re M

13 — Dominante ó 2/a de Re

52

EL PADRINO

de Nino Rota

15
Estoy viviendo
3   15
intensamente la emoción
que ha desbordado
4   3
el volcán de tu ilusión;
15
y al escuchar tu corazón
16
entre mis brazos
15
lo he fundido con mi amor.
2   1
Por eso hoy mi mundo es
23   16
amanecer de un nuevo sol;
15
nosotros somos
3   15
el milagro del amor
que ha de vivir
4   3
eternamente entre los dos.
15
Y al escuchar mi corazón,
16
me dice que esto
15
es el milagro del amor.
2   1
Por eso hoy mi mundo es... etc.

Tónica La Mayor

Dominante La

Tónica Si Menor

Dominante ó 2/a de Si

Tónica Fa # Menor

Dominante Fa #

Tónica Sol Mayor

EN ESTA PRIMAVERA

15
En esta primavera

será tu regalo

16
un ramo de rosas;

te llevaré a la playa

te besaré en el mar

15
y muchas otras cosas más.

En esta primavera

las flores de mayo

9
serán para tí;

16
yo tendré tu cariño

y tú tendrás las flores

15
que ya te prometí.

12
Si,

16
será felicidad

15
la primavera

9
y sonreirás

12   1
como la vez primera

9
y yo tendré

11   1
quien me quiera.

12
Flores y amor   (tu y yo)

flores amor   (tú y yo)

1
y sonreir   (tú y yo)

contigo así   (tú y yo)

12
así así   (tú y yo)

flores amor   (tú y yo)

1 16 15
Flores amo-o-or.

autor e intérprete
JUAN GABRIEL

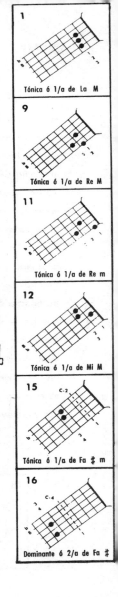

1 — Tónica ó 1/a de La M

9 — Tónica ó 1/a de Re M

11 — Tónica ó 1/a de Re m

12 — Tónica ó 1/a de Mi M

15 — C-2 — Tónica ó 1/a de Fa ♯ m

16 — C-4 — Dominante 6 2/a de Fa ♯

54

ES MEJOR DECIR ADIOS

BALADA DE Roberto Monná

s   1
Es mejor decir adiós
          12
a tener que soportar,

el dolor de ver morir
          1
nuestra gran felicidad.

Es mejor decir adiós,
                    10
hoy que tanto nos queremos,
          9
a esperar que fracasemos
     1
y nos odiemos
          12
es mejor decir adiós.
          1
El destino nos unió,

Exito de Los Freddys

                    12
a pesar de ser ajenos,
               1
ofendimos por amor,
          12
a dos corazones buenos.

Es mejor decir adiós
1   10
a este amor que aunque es bonito,
     '   9
su final ya estaba escrito
     1
al conocernos;
          12
es mejor decir adiós.
     1   12
El destino nos unió a pesar etc.

1	**9**	**10**	**12**
Tónica La Mayor	Tónica Re Mayor	Dominante Re	Tónica Mi mayor

55

EN EL VERANO

de Ray Dorset

Exito de Lalo Duarte y la Libre Expresión.

Si en la onda estás¹

y tú quieres bailar

pero sólo vas, pues tu chava no está¹⁰

tendrás que conocer, todo aquello que tú⁹

puedes alcanzar.¹

Para saberlo a tu espíritu²

tienes que alegrar,

Si tu padre es rico, ponte a presumir¹

y si está amolado, puedes ser más feliz¹⁰

pides un aventón, y en un carro⁹

deportivo llegarás¹

no tendrás que pensar en dinero²

para un coche de alquiler.¹

Esta vida la tendrás que gozar,

olvidarte de ponerte a llorar¹⁰

sé dichoso y el verano puedes⁹

tú disfrutar, y hasta pensar¹ ²

que en las olas o en las nubes andarás.¹

No estés triste ya, deja de llorar

vamos a cantar di–du–da–da–da–da¹⁰

no te importe si tu chava⁹

con un cuate se fue.¹

Vamos a cantar, dadadidudadadidudiduda

vamos a cantar di–du–da–da–da–da¹⁰

no te importe si tu chava⁹

con un cuate se te fue.¹

Vamos a cantar, dadadidudadadidudiduda

Está vida la tendrás... etc.

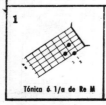

Tónica ó 1/a de Re M

Dominante ó 2/a de Re

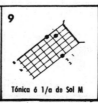

Tónica ó 1/a de Sol M

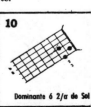

Dominante ó 2/a de Sol

EL CONDOR PASA
(Simon-Garfunkel)

Exito de:
Simon y Garfunkel

20   22
I'd rather be a sparrow than a snail
yes I would
If I could
    20
I surely would

            22
I'd rather be a hammer than a mail
yes I would
If I could
    20
I surely would.

14
away, I'd rather sail away
  22
like a swan that's here and gone
14
a man gets tied up' to the ground
    22
he gives the world it's saddest sound
   20
it's saddest sound.

          22
I'd rather be a forest than a street
yes I would
If I could
   20
I surely would

          22
I'd rather feel the earth beneath my feet
yes I would
If I only could
   20
I surely would

14

Tónica Do Mayor

20

Tónica Mi Menor

22

Tónica Sol Mayor

Esta melodía se acompaña
con un bajo y un armónico.
El bajo se hace con el dedo
pulgar y el armónico con el
dedo índice.

B=Bajo   A=Armónico

FUE SU VOZ

(MIGUEL Y ANTONIO MORALES)

EXITO DE:

JUNIOR

```
1                    9
En mi aldea una madrugada
  12              1
me despertó un cantar,
                   9
una voz que yo siempre oía
 12
y nunca supe encontrar;
```

```
        1              9
la seguí aquella mañana
   12           1
y pude así comprobar
      9        12                    1
que a la vera del arroyo, solía cantar
  9    1     12            1
fue su voz la que me hizo sentir
  9    1      12        1
un amor que nunca antes sentí
  9    1     12           1
fue su voz la que me hizo vivir
  9    1      12              1
un amor que guardaré hasta el fin
                              9
desde entonces yo la seguía
     12          1
distante de imaginar
                   9
que una vida la ganaría
     12
muy lejos de la oscuridad
  1                         9
y aunque sólo y triste me encuentre,
  12            1
yo siempre recordaré
        9            12            1
que a la vera del arroyo solía cantar
  9    1     12             1
fue su voz la que me enseñó a soñar
  9    1    12             1
fue su voz, ya no la puedo olvidar
  9    1     12             í
fue su voz la que yo quiero escuchar
  9    í     12          1
con su voz ya sólo puedo soñar
```

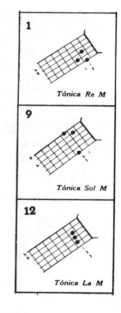

1

Tónica Re M

9

Tónica Sol M

12

Tónica La M

GENESIS

de Guillermo Venegas

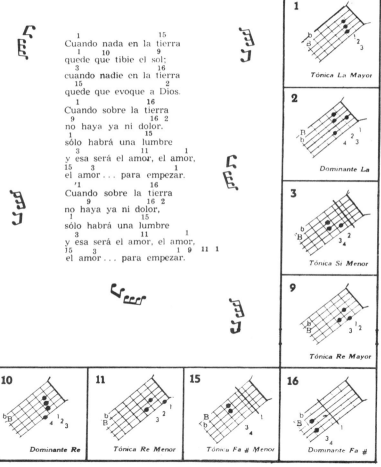

Cuando nada en la tierra
quede que tibie el sol;
cuando nadie en la tierra
quede que evoque a Dios.
Cuando sobre la tierra
no haya ya ni dolor.
sólo habrá una lumbre
y esa será el amor, el amor,
el amor... para empezar.
Cuando sobre la tierra
no haya ya ni dolor,
sólo habrá una lumbre
y esa será el amor, el amor,
el amor... para empezar.

1 — Tónica La Mayor

2 — Dominante La

3 — Tónica Si Menor

9 — Tónica Re Mayor

10 — Dominante Re

11 — Tónica Re Menor

15 — Tónica Fa # Menor

16 — Dominante Fa #

HASTA QUE VUELVAS

[20] [11]
Andaré tu risa

[2] [20]
que dejó tibio mi lecho,

[11]
buscaré tu llanto

[6] [22]
que olvidaras en mis manos.

[10] [11]
Guardaré tu cuerpo

[20]
que llenó mis alegrias,

[13] [2]
hasta que vuelvas, amor.

[11]
Andaré el camino

[2] [20]
que corrieras a mi lado,

[11]
buscaré el silencio

[6] [22]
que perdieras en la noche,

[10] [11]
guardaré la espera

[20]
que pintaron mis poemas

[2]
hasta que vuelvas, amor.

[20]
Hasta que vuelvas

detengo el tiempo

[4] [3]
que nadie pise tu recuerdo

[11]
hasta que vuelvas

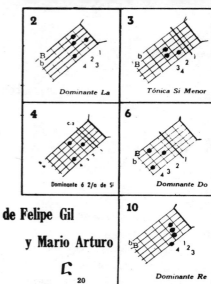

de Felipe Gil

y Mario Arturo

[20]
junto a mis ojos

[2]
y largos sueños, te esperaré

Hasta que vuelvas

detengo el tiempo

[4] [3]
que nadie pise tu recuerdo

[11]
hasta que vuelvas

[20]
junto a mis ojos

y largos sueños, te esperaré.

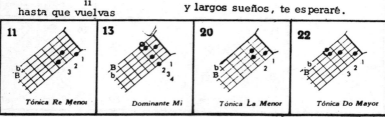

60

HOY

de: Agustín Villegas

¹ ⁷   ³
Hoy que me encuentro tan solo

²   ¹
así me doy cuenta

¹⁵   ³   ²   ¹ ⁴
del grande cariño que tuve por ti.

¹ ⁷   ³
Hoy que me voy de tu lado

²   ¹   ¹⁵
quisiera que nunca sintieras

³   ²   ¹ ⁴
lo mismo que hoy siento por ti.

¹ ⁷   ³
Hoy, recordando el pasado

²   ¹
viviendo el recuerdo

¹⁵   ³
de aquellos momentos

²   ¹
en que fui feliz.

⁹
Hoy, caminando sin rumbo,

sin hallar en la vida un consuelo

¹   ¹⁰
a mis penas.

⁹
Hoy, que perdí tu cariño

y estoy solo en el mundo

¹   ¹⁰
busco en bocas ajenas,

²
quien a olvidarte me ayude

y a olvidar lo que tuve

¹
cuando tú eras mi Reina.

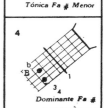

Éxito de LOS SOLITARIOS

1 Tónica Mi mayor

2 Dominante Mi

3 Tónica Fa # Menor

4 Dominante Fa #

7 Tónica Sol # Menor

9 Tónica La Mayor

10 Dominante La

15 Tónica Do # Menor

LUNA DE OCTUBRE

de José A. Michel

De las lunas la de Octubre es más hermosa
porque en ella se refleja la quietud,
de dos almas que han querido ser dichosas
al arrullo de su plena juventud.

Corazón, que has sentido el calor de una linda mujer
en las noches de octubre,

Corazón, que has sabido sufrir y has sabido querer
desafiando al dolor.

Hoy que empieza la vida tan sólo al pensar
que tu amor se descubre,

el castigo de ayer que me diste tan cruel
parece que murió--o--o

Si me voy, no perturbes jamás la risueña ilusión
de mis sueños dorados,

si me voy, nunca pienses jamás que es con único fin
de estar lejos de ti.

Viviré con la eterna pasión que sentí

desde el día en que te vi, desde el día en que soñe
que serías para mi.

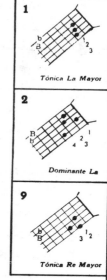

1 Tónica La Mayor

2 Dominante La

9 Tónica Re Mayor

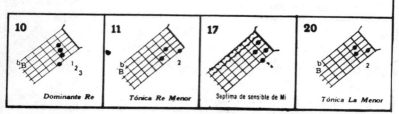

10 Dominante Re

11 Tónica Re Menor

17 Septima de sensible de Mi

20 Tónica La Menor

MAÑANA, MAÑANA

Qué triste es saber
que todo terminó,
qué triste es decirle
a un amor adiós.

Si tú lo comprendieras
no te irías así
y hubieramos logrado
la felicidad.

Mañana, mañana
será un día muy triste
porque tú te irás
y no volverás
ya jamás a mi lado.

de JUAN GABRIEL

Mañana, mañana
será un día muy triste
y el sueño de amor
que vivimos tú y yo
ya lo habrás olvidado.
Yo, no quiero pedirte
que te quedes más,
ni quiero preguntarte
para donde vas.
Solamente yo vengo
a decirte adiós,
que tengas mucha suerte
y hasta nunca, amor.
Mañana, mañana... etc.

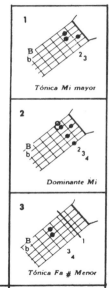

1
Tónica Mi mayor

2
Dominante Mi

3
Tónica Fa # Menor

6
Dominante Sol

9
Tónica La Mayor

ME GUSTA ESTAR CONTIGO

Éxito de Angélica María

Porque eres muy bueno¹

es por eso que te quiero,²

porque yo sé que me quieres

me lo has dicho tantas veces.¹

Soy feliz contigo

y estoy muy enamorada²

pero tengo mucho miedo

que un día me dejes

y vuelva a estar sola

como antes mi amor.¹

Me gusta estar contigo así

cerca de ti y hablar de amor¹

de ti de mi y sonreír

porque te quiero²

yo sé que me quieres

amor muchas gracias

tú no te imaginas

lo feliz que soy

al vivir junto a ti.¹

Me gusta estar contigo así⁹

cerca de ti y hablar de amor¹

de tí de mí y sonreír

porque te quiero²

yo sé que me quieres

amor muchas gracias

tú no te imaginas

lo feliz que soy

al vivir junto a tí.¹

Al besar tu boca

y al mirar tus lindos ojos²

me parece estar soñando

y me siento tan dichosa.¹

Cuando estoy contigo.

me gusta estarte mirando²

porque tienes una boca

tan linda mi vida

y con esa sonrisa eres un amor.¹

Me gusta estar contigo así . . . etc.⁹

autor JUAN GABRIEL

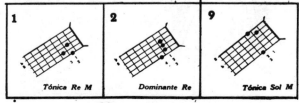

1	2	9
Tónica Re M	Dominante Re	Tónica Sol M

64

MI AMIGO EL PUMA

de Sandro - O. Anderle

[20]
Tiene el cabello negro
[2]
y ojos color marrón,
[11]
mira siempre de frente
[20]
con mucha decisión.
[2]
(con decisión).
[20]
Y frente a las mujeres
[2]
pierde su timidez,
[11]
sonríe dulcemente
[20] [2]
pero con altivez.
[1]
Ese es mi amigo el puma,
[2]
dueño del corazón
[3]
de todas las mujeres

[2] [1]
que sueñan con su amor.

Y ese es mi amigo el puma,
[2]
dueño del corazón
[3]
de todas las mujeres
[2] [20]
que sueñan con su amor.

Cuando tiene una chica,
[2]
él sabe conseguir
[11]
todo lo que pretende
[20]
con solo sonreir
[2]
(con sonreir).
[20]
Siempre las mira fijo
[2]
con ojos de pasión
[11]
y ama con tanta fuerza
[20] [2]
que parece un ciclón,
[1]
Ese es mi amigo el puma... etc.

1
Tónica La Mayor

2
Dominante La

3
Tónica Si Menor

11
Tónica Re Menor

20
Tónica La Menor

ME HE QUEDADO SOLO

Ahora que te encuentras tan lejos de mi
comprendo lo mucho que te quiero mi amor
me siento tan cansado de pensar en ti
de preguntarme dónde estarás.

Me he quedado solo sin tus besos
estoy solo, triste, abandonado,
vida tú eres todo lo que tengo
me has dejado solo, estoy llorando,
le he pedido al cielo que regreses a mí.

Quisiera que volvieras muy pronto mi amor
y que olvidaran todo el pasado también;
te juro que yo tanto he cambiado por ti
que arrepentido estoy de ayer.

Me he quedado solo sin tus besos
estoy solo, triste, abandonado,
vida tú eres todo lo que tengo
me has dejado solo, estoy llorando,
le he pedido al cielo que regreses a mí.

Quisiera que volvieras muy pronto mi amor
y que olvidaran todo el pasado también;
te juro que yo tanto he cambiado por ti
que arrepentido estoy de ayer.

AUTOR e INTÉRPRETE

Tónica ó 1/a de Fa M

Dominante ó 2/a de Fa

Dominante ó 2/a de Do

66

NO PIDAS MAS PERDON

De P. Márquez Hernández

11 -1- 2-1-2

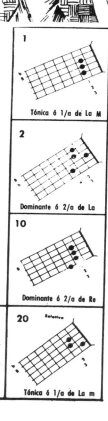

Sabía que ibas a volver
a postrarte a mís pies arrepentida,
implorando perdón, palabra vana
si ya tienes el alma corrompida.
Creiste que yo era uno de tantos,
el mundo corre en busca de placeres
me juzgaste mal, qué bien conoces
al creer que otros son como tú eres.
Levántate, no pidas más perdón
olvídate que un día nos conocimos,
no sé perdonar qué quieres que te diga,
si yo nunca te he dicho una mentira.
No sé perdonar, que te perdone Dios,
olvídate que yo ya te olvidé;
no sé perdonar, que te perdone Dios,
alvídate que yo ya te olvidé,
alvídate que yo ya te olvidé,
Que te perdone Dios.

1

Tónica ó 1/a de La M

2

Dominante ó 2/a de La

10

Dominante ó 2/a de Re

11

Tónica ó 1/a de Re m

20 Relativa

Tónica ó 1/a de La m

67

NO CIERRES TUS OJOS

de Camilo Blanco

Tónica Re

Dominante

Tónica M

Dominante

Tónica Fa

No cierres tus ojos
cada vez que sientas miedo,
no cierres tus ojos
si alguna vez me sientes lejos.
No cierres tus ojos
siendo oscuras ternuras
porque en mi locura
todavía te quiero.

Amores de día y medio
no me interesan, no quiero,
ni un amor que me dé su fuego
para robármelo luego

Ni amor que nazca de noche
para morir el alba,
no cierres tus ojos
que aquí te entrego mi alma.
Vivo por ti y para ti,
no cierres tus ojos
que todavía te quiero,
vivo por ti y para ti
no cierres tus ojos
que aquí te entrego mi alma.

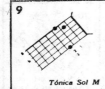

Tónica Sol M

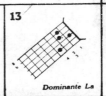

Dominante Sol

Dominante La

Disminuido

OLVIDARTE NUNCA

DE R. CORDOBA R.

Pasarán los días, pasarán los años;
nuevas ilusiones, otras despedidas;
pero a ti, olvidarte nunca,
si juré contigo, olvidarte nunca.

Otras primaveras habrán en mi vida;
si tu me soñaras, ahí yo estaría.
Pero a ti, olvidarte nunca,
si jure contigo, olvidarte nunca

EXiTO DE LOS GOLPES

hablado:

Si alguna vez al pasar el tiempo
en algún recodo de tu sola vida,
tú te propusieras regresar conmigo
ténlo por seguro que si me lo pides
volveré atrás hacia lo perdido.

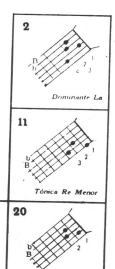

2 — Dominante La

11 — Tónica Re Menor

14 — Tónica Fa Mayor

20 — Tónica La Menor

¿POR QUE?

1
Por que me haces tanto sufrir
2
si yo nunca te he negado

si yo nunca te he negado
1   9   1
mi pobre corazón.
10   9
Por que dudas de mi amor
•   1
si lo único que quiero
2
si lo único que quiero
1
es amarte más y más,

con el alma hecha pedazos

poco a poco voy muriendo
10   9
no te da pena mujer.
1
Olvidarte yo quisiera
2
pero al verte me arrepiento
1
no te puedo ya olvidar.
10   9
Por que dudas de mi amor.

(SE REPITE)

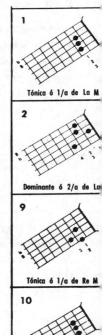

1
Tónica ó 1/a de La M

2
Dominante ó 2/a de La

9
Tónica ó 1/a de Re M

10
Dominante ó 2/a de Re

70

QUIERO VERTE SIEMPRE

DE

ARMANDO Y ENRIQUE AVILA,

Dame un minuto, para decirte
Que no hay nadie en la vida
Que te quiera como yo.
Sólo un minuto para decirte
Que mi amor es sincero
Como tú no hay otra igual
Quiero verte siempre
Estar muy junto de ti,
Quiero verte siempre
Soñar muy junto de ti,
Por qué no, si yo soy
El que te tiene que amar,
Quiero verte siempre,
Estar muy junto de ti.

Exito de los Baby's

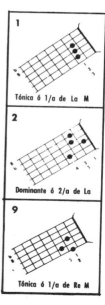

1 — Tónica ó 1/a de La M

2 — Dominante ó 2/a de La

9 — Tónica ó 1/a de Re M

71

POR SER COMO ERES

Por ser exactamente como eres
me gustas más y más cada día,
ahora que también tú me quieres
no puedo expresar tanta alegría,
no puedo a tus ojos engañar.

Por ser como eres
te quiero, te quiero,
a cada momento
sólo pienso en ti.

Si estando dormido
te busco en mis sueños
y cuando despierto
quiero verte aquí.

AUTOR e INTERPRETE

Juan Gabriel

Te quiero, te quiero,
no encuentro palabras
como explicarte mi amor,
si has visto mis ojos
te habrás dado cuenta
lo mucho que te amo,
lo feliz que soy.

Por ser exactamente como eres
me gusta estarme mucho contigo,
así me pasaría las horas
hablando de lo tuyo y lo mío,
contigo me siento muy feliz.

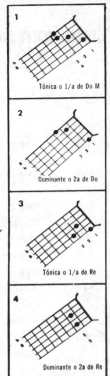

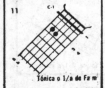

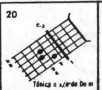

72

QUE SERA?

JIMMY FONTANA

Exito de José Feliciano

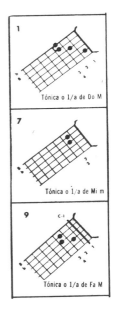

1
Pueblo mío que estás en la colina
   9   12   1
tendido como un viejo que se muere.
   9   12   1   15
La pena, el abandono, son tu triste compañía
   9   12   1
pueblo mío te dejo sin alegría
                      7
qué será, qué será, qué será
   9   12   1
qué será de mi vida, qué será
   9   12
si sé mucho o no se nada,
   1   15
ya mañana se verá

   9   12   1
y será y será lo que será

ya mis amigos se fueron casi todos
    9   12   1
y los otros partirán después que yo
    9   12   1
lo siento porque amaba su agradable
       15
compañía
    9   12   1
mas es mi vida y tengo que marchar
                 7
qué será, qué será, qué será,
   9   12   1
qué será de mi vida, qué será

    9   12
en las noches mi guitarra
   1   15
dulcemente sonará
    9   12   1
y una niña de mi pueblo llorará

amor mío me llevo tu sonrisa
    9   12   1
que fue la fuente de mi amor primero,
    9   12   1   15
Amor, te lo prometo, cómo y cuándo no lo sé
    9   12   1
mas sé tan sólo que regresaré

qué será, qué será... etc.

73

UN SUEÑO

Exito de la Tropa Loca

DE ELBERT MOGUEL

Coros

```
   1        15
Dim, di rim,
           3      2
di ri ri rim, dim dim...
   1           15
Yo sé que esta noche
      3        15
a la cita no llegarás,
   1                 15
si tienes un nuevo amor
        3          2
de mi cariño te olvidarás.


   1              15
Te quiero tanto que yo
            3            2
en un momento ya no podré
   1                    15
acostumbrarme a no verte
         3        2
y a vivir lejos de tí.

   1                    15
Piensa bien a quien quieres
3              1      2
o perderás a los dos,
   1              15
si yo pierdo tu cariño...
    3          2
solo te pido un favor.
   1            15
Regálame esta noche
        3        2
aunque me finjas amor,
   1            15
te besaré a ciegas
        3        2
para no verte partir.
   1         15
Y al abrir los ojos
           3      2
y no encontrarte pensaré,
     1            15
que todo fue un sueño
       3         2
y que acabo de despertar.
```

Coros

```
   1        15
Dim, di rim,
           3      2
di ri ri rim, dim dim,
   1        15
dim, di rim;
           3      2
di ri ri rim, dim dim.


   1                    15
Piensa bien a quien quieres
3              1      2
o perderás a los dos,
   1              15
si yo pierdo tu cariño...
    3          2
solo te pido un favor.
   1            15
Regálame esta noche
        3        2
aunque me finjas amor,
   1            15
te besaré a ciegas
        3        2
para no verte partir.


   1         15
Y al abrir los ojos
           3      2
y no encontrarte pensaré
     1            15
que todo fue un sueño
       3         2
y que acabo de despertar,
     1            15
fue un sueño, un sueño,
     3 2
un sueño
```

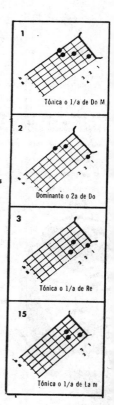

1 — Tónica o 1/a de Do M

2 — Dominante o 2a de Do

3 — Tónica o 1/a de Re

15 — Tónica o 1/a de La m

RIO REBELDE

Exito de Julio Iglesias

¹
Tiré tu pañuelo al río
¹²
para mirarlo cómo se hundía
era el último recuerdo
¹
de tu cariño que yo tenía
se fue yendo despacito
¹⁰
como tu amor,
⁹
pero el río un día
a la playa al fin
¹
me lo devolverá,
pero yo sé bien
¹²
que nunca jamás
podré ser feliz
¹   ¹⁰
sin tus alegrías
⁹   ¹
te recordaré en mi soledad
en el nido aquel
¹²
que quedó sin luz
cuando comprendí
¹
que ya no eras mía.

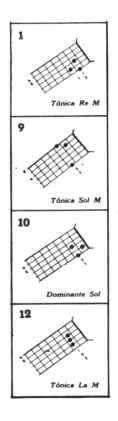

1 Tónica Re M

9 Tónica Sol M

10 Dominante Sol

12 Tónica La M

75

SIN TU AMOR

de H. Romero - L. Royal

S   2
No puedo vivir más sin ti,
       1
no puedo estar más sin tí, mi amor;
            2
yo nunca te olvidaré,
   1   9 1
nunca lo haré.

S   2
No puedo vivir más sin ti,
      1
ni puedo estar más sin ti, mi amor;
            2
yo nunca te olvidaré,
   1   9
nunca lo haré.

1   10   9
Yo siempre sueño con tu amor
    2   1
ay, ay, ay, ay, no sé que hacer;
          13
espero sueñes tu también
          12   9   12
pues yo daré donde tú estés.

S   2
No puedo vivir más sin ti,
       1
no puedo estar más sin ti, mi amor,
            2
yo nunca te olvidaré,
   1   9
nunca lo haré,
1 2   1   9
nunca lo haré,
1 2   1
nunca lo haré.

Éxito del GRUPO YNDIO

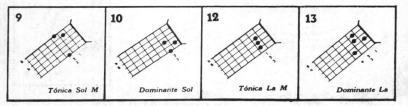

1 Tónica Re M

2 Dominante Re

3 Tónica Mi m

9 Tónica Sol M

10 Dominante Sol

12 Tónica La M

13 Dominante La

SOÑARE CONTIGO

2   20
Soñaré contigo,

2   20
que me estás queriendo

     10
que me correspondes

    11
con ferviente amor,

y entre las cadenas

  20   13   2
de mis desvarios con tus besos frios
20   2 20   10
te recordaré, te recordaré.

DE: **ENRIQUE MARIN P.**
J. GAMBOA CEBALLOS

    11
Soñaré Contigo

      10
que me estás amando

      11
que te estoy sintiendo

    13
muy juntito a mi,

    2
mas no con desprecios,

    13
sólo con tu cariño,

    2
como el que te tengo

    20
que no recibí.

    2
Soñaré Contigo,

20   10
que me estás queriendo,

    11
que me correspondes,

    20
con ferviente amor,

y entre las cadenas

  13   2
de mis desvaríos

    20
con tus besos fríos

11   2 20
Te recordaré con tus besos.

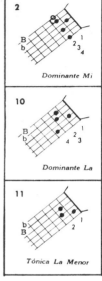

Dominante Mi

Dominante La

Tónica La Menor

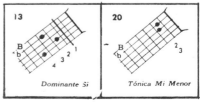

Dominante Si

Tónica Mi Menor

SEÑORA

de Joan Manuel Serrat

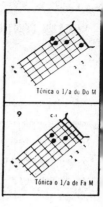

1
Ese con quien sueña su hija
15
ese ladrón que os desvalija
9   12   1
de su amor soy yo, señora.

Ya sé que no soy un buen yerno
15
soy casi un beso del infierno,
9   12   1
pero un beso al fin, señora
9
yo soy ese por quien ahora
12
os preguntáis por qué señora
9   12   1
se marchitó vuestra fragancia
15   9
perdiendo la vida mimando su

infancia.
                12
Velando su sueño, llorando su llanto
9   12
con tanta abundancia.

            9   1
Si cuando se abre la flor
9   12   9
al olor de la flor se le olvida
1
la flor
1
de nada sirvieron las monjas
15
ni los caprichos ni lisonjas
9   12   1
que tuvo a granel, señora.
1
Yo la educo ya me hago cargo
15
ya un soñador de pelo largo
9   12   1
qué le va usted a hacer, señora
9
ya el reloj sonó la hora
12
de olvidar nuestro hogar, señora
9   12   1
en brazos de un desconocido
15   9
que sólo le ha dado un soplo de cupido

                    12
que no la hizo hermosa a fuerzas de
9   12   arrugas
y de años perdidos.
        9   1
Si cuando se abre la flor
9   12   9   1
al olor de la flor se le olvida la flor,
1
póngase usted un vestido viejo
15
y de reojo en el espejo
9   12   1
haga marcha atrás, señora
1
recuerde antes de maldecirme
15
que tuvo usted la carne firme
9   12   9
y un sueño en la piel, y un sueño
12   9   í2
en la piel, y un sueño en la piel,
9   1
señora.

TE PIDO Y TE RUEGO

de aRnulfo Vega

1   9
Amor imposible

         2
has de ser para mí,

1   9
amor que la suerte

    2
perversa marcó.

1   15   3   2
Ay, qué dolor

        15
he sentido al mirar

3   2   1
nuestro amor derrumbarse

15   3
como trozo de piedra

2   1   15   3   2
sin saber la verdad.

1   15   2
Ay, cómo sufre

   1   15
mi pecho al saber,

   3   2   1   15
que te vas de mi lado sin ver

   3   2   1
que te quiero en verdad.

       14
Será que me olvidaste,

      14   2
será que el destino nos separó.

1   15   3   2
Ay, no quisiera

    1   15
saber más de ti,

  3   2   1
pero como te quiero,

15   3
te pido y te ruego

   2   1   15   3
que vuelvas a mí,

   2   1
que vuelvas a mí.

Exito de
Víctor Iturbe,
"Pirulí"

1 — Tónica Mi mayor

2 — Dominante Mi

3 — Tónica Fa # Menor

9 — Tónica La Mayor

14 — Tónica Do Mayor

15 — Tónica Do # Menor

TU SIGUES SIENDO EL MISMO

Si supieras que hace mucho
que deje yo de quererte
y pensar que algún día
juré amarte hasta la muerte.
Pero ahora me arrepiento
de haber perdido el tiempo
que sufrí para olvidar tus besos,
que me tuve que ir y muy lejos
y ahora que me miras me preguntas
que si te quiero, ya no te quiero.
Te quise mucho, cuánto te quise,
que ahora el que amo
contigo tiene un parecido
pero distinto en sentimientos
porque él es bueno
y tú sigues siendo el mismo.

AUTOR

Juan Gabriel

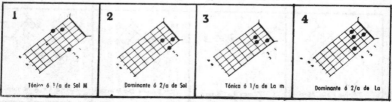

1	2	3	4
Tónica ó 1/a de Sol M	Dominante ó 2/a de Sol	Tónica ó 1/a de La m	Dominante ó 2/a de La

¹
Yo te quise como a nadie

y jamás lo he negado,

⁹
pero ahora es muy distinto,

él me ama y yo lo amo.

²
El ya sabe que te quise

y también que te he olvidado

¹
que sufrí

¹⁶   ¹⁵
para olvidar tus besos,

³   ⁴   ³
que me tuve que ir y muy lejos,

²   ¹
me enseño también a perdonarte

²
y a quererlo como lo quiero.

²
Te quise mucho, cuánto te quise,

²
que ahora el que amo

¹
contigo tiene un parecido

²   ¹
pero distinto en sentimientos

³
porque él es bueno

²   ¹
y tú sigues siendo el mismo.

²   ¹   ²
La ra ra ra ra, la ra ra ra ra,

³   ²   ¹
la ra ra ra ra, la ra ra ra ra ra.

Tónica ó 1/a de Do M

Tónica ó 1/a de Mi T

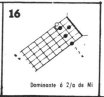

Dominante ó 2/a de Mi

TU QUE ME DAS

Exito de Carlos Lico

BALADA DE PACO CHANONA

Te doy mi amor y tú, y tú, mi bien
qué me das;
te doy pasión y tú, y tú, mi bien,
qué me das;
te doy calor y tú, y tú, mi bien,
qué me das.
Te doy un beso y una rosa,
te doy la gloria de una sonrisa
y algo más, te doy amor
y qué me das.
Te doy un beso y una caricia,
te doy la historia de mis angustias
y algo más, te doy amor
y tú qué me das.

1

Tónica o 1/a de Do M

2

Dominante o 2a de Do

3

Tónica o 1/a de Re m

9

Tónica o 1/a de Fa M

10

Dominante o 2/a de Fa

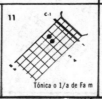

11

Tónica o 1/a de Fa m

15

Tónica o 1/a de La m

VOLVERA EL AMOR

²¹ ²⁰
Volverá el amor,
⁹
sé que volverá,
²³
volverá el amor
²¹
como vuelve el sol
¹³
y mi corazón volverá a sentir
²¹ ¹³ ²¹
la felicidad que me dio el ayer
²⁰ ⁹
volverá el amor, sé que volverá
²³ ²¹
habrá en mi cantar otro amanecer
¹³
y el mundo será para mi otra vez
²¹ ¹³ ²¹
un cariño azul, grande como el mar
²⁰ ²¹
la luz del nuevo día, será mi mañana
¹³ ²¹
será mi alegria, y mi porvenir
²⁰ ²¹
un mundo sin barreras será mi sendero
¹³ ²¹
y el amor de acero, será mi final
²⁰ ⁹
volverá el amor, sé que volverá
²³ ²¹
volverá con el otro amanecer
¹³
y mi corazón volverá a sentir ... etc.

EXITO DE VIRGINIA LOPEZ.

9 — Tónica Sol M

13 — Dominante La

20 — Tónica Re m

21 — Tónica La m

23 — Tónica Do M

83

VIDA

Nunca yo soñe querer como te quiero a ti,
sin nada de maldad, viviendo una ilusión
que haga de los dos un solo corazón
solo falta entre los dos la bendición de Dios
para ser realidad nuestra bella ilusión.

Vida
Yo te canto esta canción para ti
es la fe del corazón sublime ilusión
que me causas tú,
que me causas tú,
que me causas tú.

1 — Tónica Re M

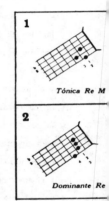

2 — Dominante Re

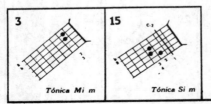

3 — Tónica Mi m

15 — Tónica Si m

BALADA DE Rogelio Rosas

84

MY SWEET LORD

de George Harrison

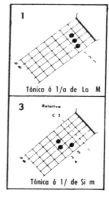

Tónica ó 1/a de La M

Relativo
C ?

Tónica ó 1/ de Si m

³My ¹²sweet lord, ³hmmm my ¹²lord, ³hmm
¹²my lord
¹I really want to ¹⁵see you
¹I really want to ¹⁵be with you
¹I really want ¹⁵see you lord
³but it takes son long
¹²my lord, ³my sweet ¹²lord.
³hmmm my ¹²lord, ³hmmm my ¹²lord.
¹I really want to ¹⁵know you
¹I really want to ¹⁵go with you
¹I really ant to ¹⁵show you lord
³that it won't take long
¹²my lord, ³my sweet ¹²lord
³my ¹²lord, ³my sweet ¹²lord
¹really want to ¹⁵see you
¹really want to ¹⁵see you
¹really want to ¹⁵see you lord

¹really want to ¹⁵see you lord
³but it takes so long my lord
³my ¹²sweet ³lord, hmmm my ¹²lord
³my ¹²my ³lord, my my my ¹²lord
¹I really want to ¹⁵go with you
¹I really want to ¹⁵go with you
³my sweet lord
¹I really want to ¹⁵show you lord
³that it won't take long
¹²my lord ³my sweet ¹²lord
³my, ¹²my lord, ³hmmm my ¹²lord
³my, my, ¹²my lord ³my sweet ¹²lord
³oooh ¹²lord
¹I really want to ¹⁵see you
¹really want to ¹⁵be with you
¹I really want to ¹⁵see you lord
³but it takes so long
¹²my lord, ³my my my ¹²lord
¹²my sweet lord ³my sweet ¹²lord

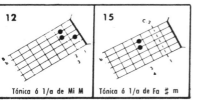

Tónica ó 1/a de Mi M

Tónica ó 1/a de Fa # m

NASTY SEX

Exito de la

Oh my baby forgot that the rocks
can also sing a song of love

oh, somebody me that

she was

sleeping with a tricky guy

hey, baby change your manners

and go by the way of the sun

can't you see that this kind of sex

it's gonna let you down, let you

down.

oh take it so easy when I tell you

not to run away

babe try to understand don't

turn

your face to reality

Hey, baby change your manners

and go by the way of the sun

can't you see that this kind of sex

it's gonna let you down, let you

down.

oh my baby forgot that the rocks

can also sing a song of love.

Revolución de Emiliano Zapata

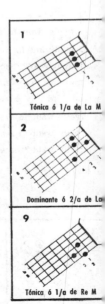

1

Tónica ó 1/a de La M

2

Dominante ó 2/a de La

9

Tónica ó 1/a de Re M

VIVA ZAPATA

(RAFAEL ACOSTA)

Exito de los Locos

1   9   1
I'm gonna talk to you about Zapata
         9   1
he fought for the land he was Zapata
12
he died long time ago

but he still on the road
    1   9   1   12
follow his teaching, follow Zapata
1   9
I'm digget on the eart
1
till I'm exhausted
        9
but seeds are growing up
1
it makes me fell fine
12
I'll find the way he did

and that is how·I feel, viva Zapata
      1   12
viva Zapata ¡viva Zapata! viva Zapata
     12
viva Zapata!
1   9   1
if you have faith in him, follow Zapata
12
I'll find the way he did

and that is how I feel, follow his
1   9
teaching
    1   12
follow Zapata.
   1   9   1
I'm gonna talk to you about Zapata
         9   1
he fouht for the land he was Zapata
12
he died long time ago

but he still on the road,
1   12
viva Zapata   viva Zapata
1   12
viva Zapata   viva Zapata
1   12
viva Zapata   viva Zapata

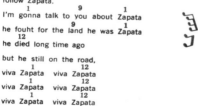

1 Tónica Fa M

9 Tónica La # Mayor

12 Tónica Do Mayor.

AMOR SINCERO

No sé
si cuando vuelva a ti
para pedirte amor
ya no me quieras.
Tal vez no pueda verte más
porque el destino cruel
así lo quiera
tendré sangrando el corazón
por la ilusión que ya
jamás espero,
tal vez así comprendas
que mi cariño fue para ti
amor sincero.

Bolero de Salvador Rangel

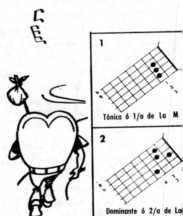

Tónica ó 1/a de La M

Dominante ó 2/a de La

Tónica ó 1/ de Si m

Tónica ó 1/a de Re M

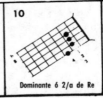

Dominante ó 2/a de Re

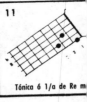

Tónica ó 1/a de Re m

88

AMEMONOS de Manuel M. Flores - Carlos Montbien

Exito de Lucha Villa

Buscaba mi alma con afan tu alma
buscaba yo la virgen que mi frente
tocaba con su labio dulcemente
en el febril insomnio del amor
Buscaba yo la mujer pálida y bella
que en mis sueños me visita desde niño
para partir con ella mi cariño
para partir con ella mi dolor
como en la sacra soledad del templo
sin ver a Dios se siente su presencia
Yo presentí en el mundo tu existencia
y como a Dios sin verte te adoré
Amemonos mi bien en ese mundo
donde lágrimas tantas se derraman
las que vierten quizas los que se aman
Tienen un no se qué de bendición
amar es amparar el sentimiento
en la fragancia del eden perdido
Amar es amor es llevar herido
con un dardo celeste el corazón.

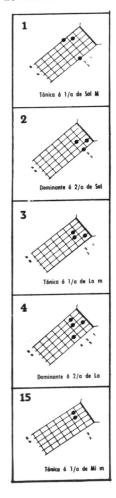

1 — Tónica ó 1/a de Sol M

2 — Dominante ó 2/a de Sol

3 — Tónica ó 1/a de La m

4 — Dominante ó 2/a de La

15 — Tónica ó 1/a de Mi m

CARTAS MARCADAS

de Chucho Monje

Por todas las ofensas que me has hecho
y a cambio del dolor que me quedó,
por las horas inmensas del recuerdo
te quiero dedicar esta canción.

Cantando no hay reproche que nos duela,
se puede maldecir y bendecir;
con música la luna se desvela
y al sol se le hace tarde pa' salir.

Ya no quiero llorar, ya no te espero,
ya quiero sonreír quiero vivir;
si vamos a gozar yo soy primero
y al son que yo les toque han de bailar.

Pa' de hoy en adelante yo soy mano,
sólo cartas marcadas he de ver,
y tú vas a saber que siempre gano,
no vuelvas que hasta a tí te haré perder.

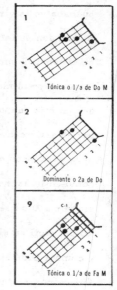

1

Tónica o 1/a de Do M

2

Dominante o 2a de Do

9 C-1

Tónica o 1/a de Fa M

CARIÑITO

Exito de las Hnas. Núñez

Cariñito sutil y callado [20] [2]

que aún perfumas lejana

ilusión, si enlutada me [20] [10]

miras el alma, [11]

porque aún vives en mi [20] [10]

corazón. [1]

Si marchita quedó la

esperanza, si sollozo [2] [9]

dejóme el amor; [2] [1]

cariñito romance perdido [2]

porque avivas mi viejo [9] [2]

dolor. [1]

Cariñito querella de ensueño. [2]

cariñito doliente

pasión, aunque sigas [9]

sangrándome el alma, no [11] [9]

te olvides de mi corazón. [2] [1]

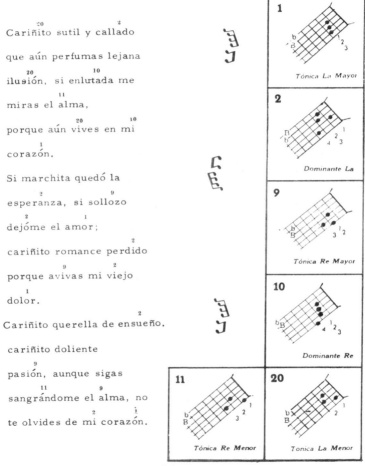

1 — Tónica La Mayor

2 — Dominante La

9 — Tónica Re Mayor

10 — Dominante Re

11 — Tónica Re Menor

20 — Tonica La Menor

91

CARIÑO VERDAD

Exito de los Churumbeles de España

de G. y M. Monreal

En una casita
Muy blanca y bonita,

Camino del puerto
De Santa María.

Habita una vieja
Muy buena y muy santa,
Muy buena y muy santa
Que es la madre mía.

Y maldigo hasta la hora
en que yo la abandoné.

A pesar de su consejo
No la supe comprender.

Ella me lleva en el alma,
Tú en la imaginación,
Tú me miras con los ojos,
Ella con el corazón.

Lo tuyo es capricho,
Pura vanidad,
Lo de ella es cariño,
Cariño verdad.

De quién fue la culpa,
No quiero saberlo,

Si fue culpa tuya
O fue de la suerte,

O fue culpa mía
Por no merecerlo,

En vez de olvidarte
Suspiro por verte.

Anda vete de mi vera
Si te quieres comparar

Con aquella vieja santa
Que está ciega de llorar.

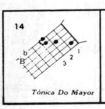

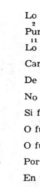

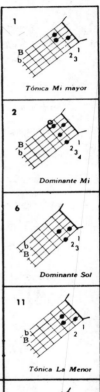

1 — Tónica Mi mayor

2 — Dominante Mi

6 — Dominante Sol

11 — Tónica La Menor

14 — Tónica Do Mayor

20 — Tónica Mi Menor

22 — Tónica Sol Mayor

28 — Tónica Fa Mayor

CORAZON, CORAZON

CREACION DE PEDRO INFANTE

Es inútil dejar de quererte
ya no puedo vivir sin tu amor,
no me digas que voy a perderte
no me quieras matar corazón.
Yo que diera por no recordarte
yo que diera por no ser de ti
pero el día en que te dije te quiero
Te di mi cariño
y no supe de mí.
Corazón, corazón, no me
quieras matar corazón.

Si has pensado dejar mi cariño
recuerda el camino
donde te encontré,
si has pensado cambiar tu destino,
recuerda un poquito quien te hizo mujer.
Si después de sentir tu pasado
me miras de frente
y me dices adiós
te diré con el alma en la mano,
que puedes quedarte,
porque yo me voy.
Corazón, corazón, no me
quieras matar corazón.

1

Tónica La Mayor

2

Dominante La

9

Tónica Re Mayor

10

Dominante Re

11

Tónica Re Menor

17

Septima de sensible de Mi

20

Tónica La Menor

CONTIGO EN LA DISTANCIA

de César Portillo
de la Cruz

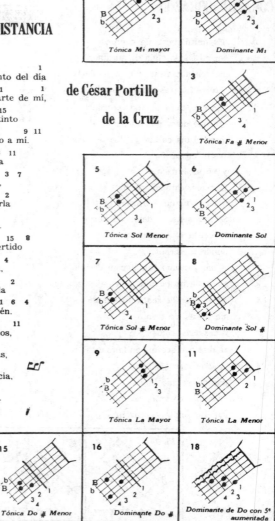

No existe un momento del día
en que pueda apartarte de mí,
el mundo parece distinto
porque no estás junto a mí.

No hay bella melodía
en que no surjas tú,
ni yo quiero escucharla
si no la escuchas tú.

Es que te has convertido
en parte de mi alma,
ya nada me consuela
si no estás tú también.

Más allá de tus labios,
del sol y las estrellas,
contigo en la distancia,
amada mía, estoy...

Tónica Mi mayor

Dominante Mi

Tónica Fa # Menor

Tónica Sol Menor

Dominante Sol

Tónica Sol # Menor

Dominante Sol #

Tónica La Mayor

Tónica La Menor

Dominante Si

Tónica Do # Menor

Dominante Do #

Dominante de Do con 5ª aumentada

CUANDO, CUANDO, CUANDO

Dime cuando tú vendrás,
dime cuando, cuando, cuando
si muy pronto o jamás
tu nombre invocaré
yo te espero siempre a ti
pero cuando, cuando
cuando te decidas a venir
yo por fin seré feliz
A tu lado soñar
es mi dulce ilusión
y poderte entregar
alma, vida y corazón
Dime cuando tú vendrás,
dime cuando, cuando, cuando... etc.

1

Tónica Re M

2

Dominante Re

3

Tónica Mi m

9

Tónica Sol M

10

Dominante Sol

13

Dominante La

CUANDO EL DESTINO

s
No vengo a pedirte amores,
ya no quiero tu cariño,
si una vez te amé en la vida
no lo vuelvas a decir.
Me contaron tus amigos
que te encuentras muy solita,
que maldices a tú suerte
porque piensas mucho en mí.
Es por eso que he venido
a reírme de tu pena,
yo que a Dios le había pedido
que te hundiera más que a mí.
Dios me ha dado ese capricho
y he venido a verte hundida
para hacerte yo en la vida
lo que tú me hiciste a mi.

Exito de Pedro Infante

s
Ya lo ves como el destino
todo cobra y nada olvida,
ya lo ves como el cariño
nos arrastra y nos humilla.
Que bonita es la venganza
cuando Dios nos la concede,
ya sabía que en la revancha
te tenía que hacer perder.
Ahí te dejo mi desprecio
yo que tanto te adoraba,
pa que veas cuál es el precio
de las leyes del querer.

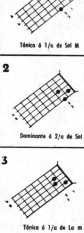

1 — Tónica ó 1/a de Sol M

2 — Dominante ó 2/a de Sol

3 — Tónica ó 1/a de La m

9 — Tónica ó 1/a de Do M

10 — Dominante ó 2/a de Do

11 — Tónica ó 1/a de Do # m

19 — Disminuido de Si

96

CUATRO VIDAS.

Exito de Cuco Sánchez

Vida
si tuviera cuatro vidas,
cuatro vidas serían para ti.
Vida
si te llevas mi vida
contento moriría por ti.
Alma
si te llevas mi alma
contento moriría por ti.
Ser si te llevas mi ser
contento moriría por ti.
Corazón
en tu corazón te llevas
mi alma, mi vida y mi ser.
Si tuviera cuatro vidas
cuatro vidas serían para ti.

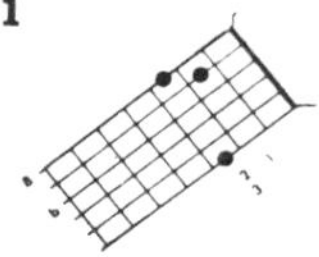

Tónica ó 1/a de Sol M

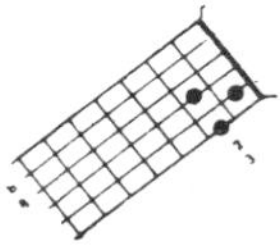

Dominante ó 2/a de Sol

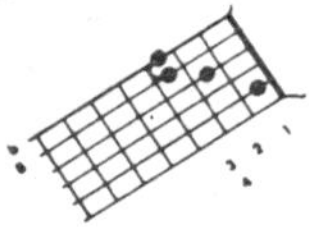

Tónica ó 1/a de Do M

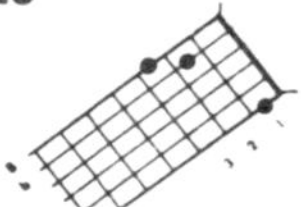

Dominante ó 2/a de Do

DESDEÑOSA

de Miguel Paz

Aunque mi vida este de sombras llena
no necesito amar no necesito,
yo comprendo que amar es una pena
una pena de amor y de infinito.

No necesito amar tengo verguenza
de volver a querer como he querido,
toda repetición es una ofensa
y toda supresión es un olvido.

Desdeñosa, semejante a los Dioses
yo seguiré luchando con mi suerte
sin escuchar las espantadas voces
de los envenenados por la muerte.

No necesito amor, absurdo fuera
repetire el sermón de la montaña
por eso he de llevar hasta que muera
todo el odio mordaz que me acompaña

Dominante M

Dominante L

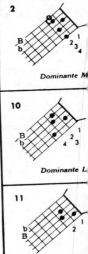

Tónica La Men

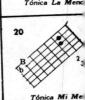

Tónica Mi Me

98

EMBRUJO. de Napoleón Baltodano

Exito de los Tres Diamantes

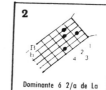

No sé mi negrita linda
qué es lo que tengo en el corazón,
que ya no como ni duermo
vivo pensando sólo en tu amor.

Hay muchos que me aconsejan
que te abandone, que me haces mal;
y yo no sé lo que pasa
que cada día te quiero más.

Y todos dicen lo mismo
que tú me estás engañando;
que conmigo estás acabando;
que yo ya no sirvo pa' na'.

Y que ya no soy ni mi sombra
que me ven y no me conocen,
que mi mal no tiene remedio
que yo ya me perdí.

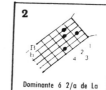
Dominante ó 2/a de La

Dominante ó 2/a de Do

- Dominante ó 2/a de Re

Tónica ó 1/a de Re m

Tónica ó 1/a de La m

Tónica ó 1/a de Do M

Tónica ó 1/a de Sol M

EL BRINDIS

de Homero Aguilar

20
Como un brindis,
  23
como un brindis al pasado,
 14
voy a levantar mi copa,

y a beber con ansia loca
 2
en mi desesperación.
20
Ya te has ido,
  23
y contigo te llevaste,
 14
los momentos cariñosos
  2
que me dio tu corazón.
 1   2
Por tus besos, voy a recordar tus besos,
         1
por tus modos, por tus modos de querer,
 10
y en tu ausencia, esa ausencia

que es eterna,
    9
porque Dios lo quiso así.
22 1   3
Hoy te lloro, porque todavía te adoro
2   1
con todo mi corazón.
 2
Siento entre mis labios,
         1
el sabor ardiente de un beso de amor,
 2
siento tus caricias,
 1
siento tu calor,
 2
siento tu presencia,

siento que me llamas,
 1 10
pero Dios dirá cuándo ha de juntarnos
2 1
y me llamará.

Tónica Mi mayo

Dominante

Tónica Fa # Me

9

Tónica La Ma

10

Dominante

Tónica Do Mayor

Tónica Mi Menor

Tónica Sol Mayor

23

Tónica Re Ma

EN MI LIBRO

de Marco Antonio Vázquez

```
     1        9      2          1
Tengo en mi libro tu nombre
     9       2           1
lo escribí tantas veces
     9       2       1  9   2
que está lleno de ti.
     1        9      2          1
Tengo en mi libro tu nombre
     9       2           1
lo escribí tantas veces
     9       2       1  9   2
que está lleno de ti.
     1    9      2            1
Mira, en sus páginas dice
     9              2     16
los momentos felices
                15  10
que ya no volverán.
     1     9       2          1
Mira, cómo te he recordado
     9         2          16
que aunque todo ha pasado
             15  10
no te puedo olvidar.
     9              11
Habla de un amor
         1
nuestra historia
         17              3
que aún vive en mi memoria
 2            1
un deseo de volver.
     9       2         1
Mira, en sus últimas hojas
     17              3
cada día y cada hora
 2          1
está lleno de ti
 2          1
está lleno de ti.
```

1 — Tónica Re Mayor

2 — Dominante Re

3 — Tónica Mi Menor

9 — Tónica Sol Mayor

10 — Dominante Sol

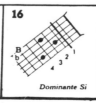

11 — Tónica Sol Menor

15 — Tónica Si Menor

16 — Dominante Si

17 — Disminuido de Si

GRIS.

de José Sierra F.

Exito de Enrique Linares

Gris, el cielo es gris [20]
las nubes están llorando, [6]
y tú te vas alejando [14]
te vas, te vas, te vas. [2]

Nunca comprendiste tú el dolor [11] [20]
que causara en mi tu desamor [11] [20]
fuiste sin remedio para mi [11] [20]
como un cielo gris que no tuvo sol. [2] [1]

Como una barca te alejas
izando tus alas al viento; [2]
como una ingrata gaviota
que deja su nido desierto. [1]

No encontrarás
quién pronuncie tu nombre
con el mismo acento, [2]
ni quién te diga
sin falsedad.
te quiero te quiero [1]

1 Tónica Re M

2 Dominante Re

6 Dominante Fa

11 Tónica Sol

14 Tónica La # M o Si b m

20 Tónica Re m

102

HISTORIA DE MI VIDA

Eres la ilusión que yo soñé,
eres la emoción que me forjé
eres hoy mujer para mi vida
la prenda más querida,
mi más tierna ilusión.
Traes la canción que yo soñé
traes la ilusión que adiviné,
y eres hoy mujer lo que más quiero
porque eres el lucero
de mi atardecer.

Pero no me preguntes
la historia de mi vida,
mi vida comenzó
cuándo llegaste tú.

Porque antes en sus páginas
hay tantos desengaños
mentiras y fracasos
en cosas del amor.
No me preguntes nunca
cómo empezé a quererte.
y déjame amor mío
amarte sólo a ti.
Las cosas que he vivido
son un sueño dorado
y hoy quiero enamorado
vivir sólo por ti.

1 Tónica Re M

2 Dominante Re

3 Tónica Mi m

4 Dominante Mi

10 Dominante Sol

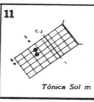

11 Tónica Sol m

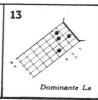

13 Dominante La

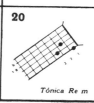

20 Tónica Re m

LA ENRAMADA.

Exito de los Tres Ases

Las flores y la lluvia
me acompañan,
en mis horas de nostalgia
y de tristeza.

Me arrebata el pensamiento
la distancia,
para hacer de mi vida
una pavesa.

Ya la enramada se secó
el cielo el agua le negó
así tu altivo corazón
no me escuchó.

Como ave errante viviré
buscando alivio a mi dolor,
con la añoranza de tu amor
yo moriré.

1 — Tónica Re M

2 — Dominante Re

3 — Tónica Mi m

7 — Tónica Fa # m

9 — Tónica Sol M

10 — Dominante Sol

12 — Tónica La M

13 — Dominante La

LA CORRIENTE.

Exito de Javier Solís

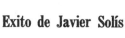

Tónica Re M

Dominante Re

Tónica Mi m

Dominante Mi

Para qué me sirve el alma
si la tengo ya amargada
si su vida idolatrada
por traiciones la dejé.
Para qué sirve ser bueno
si se ríen en tu cara
que me lleve la corriente
que me lleve la corriente
atrás no regresaré.
Es por eso que me miran
arrastrando mi condena
buscando la puñalada
que me borre tu querer

Para que sirve ser bueno, etc.

Tónica Sol M

Dominante Sol

Disminuído de La

Dominante de Re con
5º aumentada.

Séptima de
Sensible de Mi

105

LLORARAS EN NAVIDAD.

Exito de Javier Solís

1   10
Llegará Navidad

9   1
y otra vez llorarás

13
si la nieve sepulta mi amor

1   10   9
volverás a escuchar otros labios

1   2   1
decir que su amor curará tu dolor.

9
Pasará, Navidad

1
pero no sentirás

9
el temblor de mi voz

13
ni el calor de mi boca

2
al decirte adios.

1   13
Volverá Navidad

9   1
otro idilio febril

13   2
y otra estrella brillar mirarás

1   13
más te juro por Dios

9   1
que aunque me he de morir

2   1
tú mi amor nunca más lo tendrás.

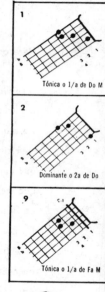

1

Tónica o 1/a de Do M

2

Dominante o 2a de Do

9

Tónica o 1/a de Fa M

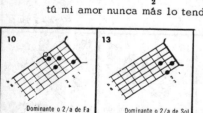

10

Dominante o 2/a de Fa

13

Dominante o 2/a de Sol

MIRAME

de Agustín Lara

Tónica La Mayor

Dominante La

Hago de mis palabras [20] [2] [20]
la más linda canción [2] [20]
súplica que es blasfemia [2] [20]
llanto del corazón. [13] [2]
Mírame, mírame [1]
con tus ojos que son
dos luceros que Dios
puso en mi corazón. [3]
Mírame, mírame [2]
que al mirarme me das [3]
un remanso de paz
y una nueva canción. [2] [1]
Mírame, mírame
siquiera por saber [10]
lo que puedes hacer
tan sólo por mirar. [9]
Mírame, mírame [11] [1] [6] [4]
aunque ciego después [3]
no te mire otra vez [2]
y me ponga a llorar. [1]

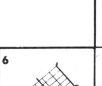

Tónica Si Menor

Dominante 6 2/a de Si

Dominante Do

Tónica Re Mayor

Dominante Re

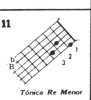

Tónica Re Menor

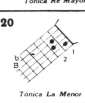

Dominante Mi

Tónica La Menor

MI MAGDALENA.

Exito de Los Panchos

Con el fulgor de una estrella [20]
iluminaron tu cara, [2]
por eso tú eres tan bella,
tan adorable como una reina. [20]

Tus ojos son dos luceros,
tu boca es una manzana [2] [11]
y tus cabellos reflejan [20]
el sol brillante de la mañana. [2] [1]

Te quiero tanto, te quiero
y mi guitarra lo sabe [19] [2]
y llevo dentro del pecho
amor tan grande que ya no cabe [1]
Te quiero tanto, te quiero [10]
porque conmigo eres buena, [9]
porque también tú me quieres [1]
mi Magdalena, mi Magdalena; [2] [1]
porque también tú me quieres [11] [20]
mi Magdalena, mi Magdalena. [2] [1]

Tónica La Mayor

Dominante La

Tónica Re Mayor

Dominante Re

Tónica Re Menor

Disminuido de Mi

Tónica La Menor

NOCHE CRIOLLA

de Agustín Lara

Noche tibia y callada de Veracruz,
cuento de pescadores que arrulla el mar;
vibración de cocuyos, que con su luz
bordan de lentejuelas la oscuridad;
bordan de lentejuelas, la oscuridad.

Noche, tropical,
lánguida y sensual;
noche que se desmaya sobre la arena.
mientras la playa canta su inútil pena.
Noche, tropical.
cielo de tisú,
tienes la sombra de una mirada criolla,
noche de Veracruz...
Noche de Veracruz.

Tónica Re M

Dominante Re

Dominante Sol

Tónica Sol m

Dominante La

Tónica La ♯ M o Si b m

Dominante de Re con 5ª aumentada.

Tónica Re m

NOBLEZA.

de: Nico Jiménez

No puede ser cobarde el que perdona
a un amor que es malo y traicionero
el amor es dolor cuando es sincero
vergüenza no es llorar
vergüenza no es llorar
porque te quiero.
Toda mujer bonita, será traidora
porque al hombre valiente
lo hace cobarde
por su traición el alma
quise arrancarle
pero al tenerla cerca, volví a besarla
porque también bonita
porque también bonita
era mi madre.

Creación de
Javier Solis

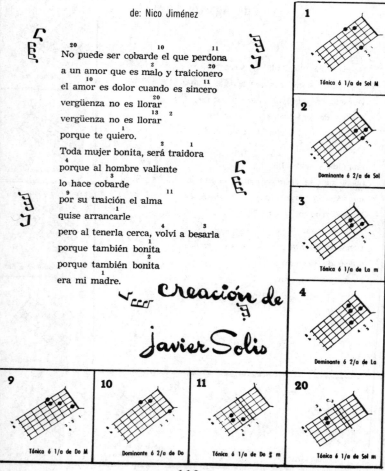

1	Tónica ó 1/a de Sol M
2	Dominante ó 2/a de Sol
3	Tónica ó 1/a de La m
4	Dominante ó 2/a de La
9	Tónica ó 1/a de Do M
10	Dominante ó 2/a de Do
11	Tónica ó 1/a de Do ♯ m
20	Tónica ó 1/a de Sol m

NUBE GRIS

de Eduardo Márquez

Si me alejo de ti
es porque he comprendido
que soy la nube gris
que nubla tu camino;
me voy para dejar
que cambie tu destino,
que seas muy feliz
mientras yo busco olvido.
Otra vez volveré a ser
el errante trovador
que va en busca del amor,
del amor de una mujer.
Se perdió el celaje azul
donde brillaba la ilusión,
vuelve la desolación
vivo sin luz.

CREACION DE
PEDRO
INFANTE

1 — Tónica Mi mayor

2 — Dominante Mi

3 — Tónica Fa # Menor

9 — Tónica La Mayor

10 — Dominante La

11 — Tónica La Menor

111

¡OH! GRAN DIOS.

Exito de Marco Antonio Vázquez

¡Oh!, gran Dios.
cuanto sufro en la vida
por no querer
ya ser menos que nadie.
Sufro mucho
mi Dios, tú lo sabes,
por el amor
que yo le tengo a esa mujer.
Ay cuanto diera yo
por la vida de antes,
ay, cuando amores
a mí no me faltaban.
En este mundo
todo se acaba,
por eso quiero
de esta vida terminar.

1 Tónica ó 1/a de Sol M

2 Dominante ó 2/a de Sol

9 Tónica ó 1/a de Do M

10 Dominante ó 2/a de Do

17 Disminuido de Mi

112

PA' TODO EL AÑO

de José Alfredo Jiménez

Por tu amor que tanto quiero
y tanto extraño,
que me sirvan otra copa
y muchas más,
que me sirvan de una vez
pa' todo el año,
que me pienso seriamente emborrachar.
Si te cuentan que me vieron muy borracho,
orgullosamente diles que es por ti,
porque yo tendré el valor de no negarlo
gritaré que por tu amor me estoy matando
y sabrán que por tus besos me perdí.
Para de hoy en adelante
el amor no me interesa
cantaré por todo el mundo,
mi dolor y mi tristeza.
Porque sé que de este golpe
ya no voy a levantarme
y aunque yo no lo quisiera,
voy a morirme de amor.

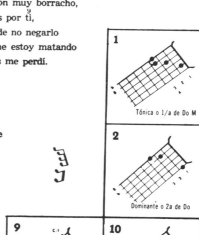

1 Tónica o 1/a de Do M

2 Dominante o 2a de Do

9 c.1 Tónica o 1/a de Fa M

10 Dominante o 2/a de Fa

POR QUE NEGAR

de Agustín Lara

20
Por qué negar

que fué el destino

el que a nuestras almas
2
vino a separar

por qué mentir

si es imposible

que el corazón
20
pueda sin amor vivir

2   20
es natural

que mi cariño huérfano
10   11
de besos busque donde estar
20
es natural, piénsalo así
2
que al fin y al cabo

no hay nada en el mundo
20
que te borre a tí
6
tu imagen no se aparta
22
de mi pensamiento
2
por diferentes rumbos

hemos de seguir
2   20
es natural

que mi cariño, huérfano
10   11
de besos busque donde estar
20
es natural, piénsalo así
2
que al fin y al cabo

no hay nada en el mundo
20
que te borre a tí.

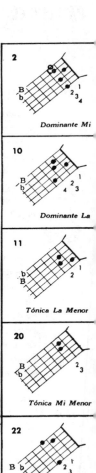

2

Dominante Mi

10

Dominante La

11

Tónica La Menor

20

Tónica Mi Menor

22

Tónica Sol Mayor

PRECIOSA.

Tónica La Mayor

Dominante La

[20]
Yo sé lo que son los encantos,

[23]
de mi borinquen hermosa

[14]
por eso la quiero tanto

DE:
RAFAEL HERNANDEZ
y

Exito de Marco Antonio Muñís

Tónica Si Menor

[12]
por eso la llamo preciosa

[20]   [14] [2]
perla del Caribe

[20]
borinquen,

[ ]
yo sé de sus hembras trigueñas

[3]
del olor de sus rosas

[4]
eso a tierra trigueña

[2]
siempre la llamaré preciosa

[10]   [14] [2]
perla del Caribe

[20]
borinquen,

Tónica Re Mayor

[9]   [2]   [2]
y el fiero cantío del indio bravío,
[1]
lo tiene también.

[1]
preciosa te llaman las olas

mar que te bañan

preciosa por ser un encanto

[2]
por ser un Edén

[3]   [2]
tienes la noble hidalguía

la madre España

Preciosa te llaman los bardos

que cantan tu historia

no importa el tirano

[10]   [9]
que trate con negra maldad,

[17]
preciosa serás sin bandera
[1]
sin lauros ni gloria.

[2]
Preciosa, preciosa

[3]   [2]
te llaman los hijos
[1]
de la libertad,

[14]   [1]
Preciosa, preciosa.

Dominante Re

Tónica Mi mayor

Tónica Fa Mayor

Sublima de sensible de Mi

Tónica La Menor

Tónica Sol Mayor

PUÑALITO.

Exito de las Perlitas

de
Víctor Manuel Moto

Tengo roto el corazón
tengo un puñal en el pecho,
por Dios no tienes derecho
de jugar con mi pasión.

Yo te quiero mucho, mucho
y tú me estás engañando,
opr tu culpa estoy llorando
de la desesperación.

Eres un puñalito
que se ha clavado en mi pecho;
eres un puñalito
que sangra mi corazón.

Voy gritando que te quiero
pero el viento me responde,
que me olvide de tu nombre
porque me vas a matar.

Eres un puñalito
que se ha clavado en mi pecho;
eres un puñalito
que sangra mi corazón,
que sangra mi corazón,
que sangra mi corazón,

116

QUIERO VER

de Tata Nacho

¹
Quiero ver otra vez

²
tus ojitos de noche serena,

quiero oír otra vez

⁹ ² ¹
tus palabras calmando mis penas.

Quiero ser otra vez

¹⁰ ⁹
el que turbe la paz de tu sueño

² ¹
con la voz amorosa

² ¹
de un cariño borracho de sueño.

² ¹
Y quisiera sobre todo

² ¹
un poquito de esperanza,

² ¹
tú te has vuelto muy altiva,

² ¹
muy dada a la desconfianza.

No hay razón dulce bien

¹⁰ ⁹
que me trates como a un extraño,

² ¹
siempre soy el que he sido,

² ¹
no me pagues con un desengaño,

² ¹
mira nena, me harías mucho daño.

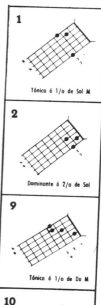

1 — Tónica ó 1/a de Sol M

2 — Dominante ó 2/a de Sol

9 — Tónica ó 1/a de Do M

10 — Dominante ó 2/a de Do

QUIZAS, QUIZAS, QUIZAS

de Oswaldo Farres

s   20
Siempre que te pregunto
    11   20
que cuándo, cómo y dónde,
    11   20
tú siempre me respondes,
   13   2   20
quizá, quizá, quizá...

s   20
Y así pasan los días
   11   20
y yo desesperado
   11   20
y tú, tú contestando
   13   2   20
quizá, quizá, quizá...
            3
Estás perdiendo el tiempo
    2   1
pensando, pensando;
           3
por lo que tú más quieras
   2   1
hasta cuándo, hasta cuándo.

s   20
Y así pasan los días
   11   20
y yo desesperado
   11   20
y tú, tú contestando
   13   2   20
quizá, quizá, quizá...

Tónica Mi mayo

Dominante M

Tónica Fa # Men

Tónica La Menor

Dominante Si

Tónica Mi Men

QUISIERA AMARTE MENOS.

DE **JESÚS VELAZQUEZ**

Exito de Los Baby's

Quisiera amarte menos,
pero no puedo vida mía
y si dejo de amarte
es esperar mi agonía.

A veces ni quisiera
seguir amándote mujer
y si dejo de amarte
sin ti, no sé qué hacer.

No sé por qué te quiero,
no puedo comprender,
y si dejo de amarte mujer.
sin tu amor yo me muero.

Quién me dará caricias si me dejas;
quién me dará el amor con tanta luz.

Quién me dará los besos
aquí en mi boca,
con esas ansias locas,
como lo hacías tú
Quisiera amarte menos.

Tónica o 1/a de Do M

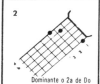
Dominante o 2a de Do

Tónica o 1/a de Re m

Tónica o 1/a de Fa M

Tónica o 1/a de La sostenido M

QUE IRONIA

de BRAULIO
BENITEZ

He tratado en vano de olvidarte,
de pensar que tú nunca me quisiste,
que sólo fui un capricho de tu parte
y que mi vida entera destrozaste.

No te guardo rencor pues al contrario,
tus mentiras me hicieron adorarte;
te pedí tu amor y me lo diste,
qué ironía pues sólo me fingiste.

Ahora solo camino por la vida,
llorando por ti mi gran amor,
pidiéndole a Dios que te perdone
y que con otra vengue mi dolor.

No te guardo rencor pues al contrario,
tus mentiras me hicieron adorarte;
te pedí tu amor y me lo diste,
qué ironía pues sólo me fingiste,
qué ironía pues sólo me fingiste.

EXITO
de
LOS MUECAS

Tónica o 1/a de Do

Dominante o 2a de D

Tónica o 1/a de Re

Tónica o 1/a de Fa M

Dominante o 2/a de

Tónica o 1/a de Fa m

Tónica o 1/a de So

Dominante o 2/a de Sol

Tónica o 1/a de La m

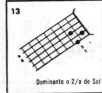
Dominante o 2/a de La

Septima de sensible

120

SERENTA HUASTECA
de José Alfredo Jiménez

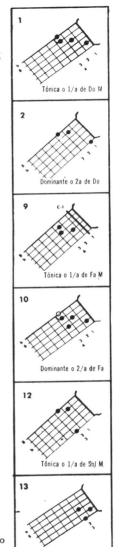

Canto al pie de tu ventana
pá que sepas que te quiero,
tu a mí no me quieres nada,
pero yo por ti me muero.
Dicen que ando muy errado
que despierte de mi sueño
pero se han equivocado
porque yo he de ser tu dueño
Que voy hacer, si deberas te quiero
ya te adore, y olvidarte no puedo
Dicen que pá conseguirte,
necesito una fortuna
que debo bajar del cielo,
las estrellas y la luna.

Yo no bajaré la luna
ni las estrellas tampoco
y aunque no tengo fortuna
me querras poquito a poco
Que voy hacer, si deberas te quiero
ya te adore, y olvidarte no puedo.
Yo se que hay muchas mujeres
y que sobra quien me quiera
pero ninguna me importa
solo pienso en ti morena.
Mi corazón te ha escogido
y llorar no quiero verlo.
Ya el pobre mucho ha sufrido
ahora tienes que quererlo.
Que voy hacer, si deberas te quiero
ya te adore y olvidarte no puedo.

121

SOLAMENTE UNA VEZ

de Agustín Lara

Solamente una vez
amé en la vida;
solamente una vez,
y nada más.

Una vez nada más en mi huerto
brilló la esperanza,
la esperanza que alumbra el camino
de mi soledad.
Una vez nada más
se entrega el alma,
con la dulce y total
renunciación.

Y cuando ese milagro
realiza el prodigio de amarte
hay campanas de fiesta
que cantan,
en el corazón.

1
Tónica Mi mayor

2
Dominante Mi

3
Tónica Fa # Menor

7
Tónica Sol # Menor

17
Séptima
de Sensible de Si

18
Dominante de Do con 5º
aumentada

19
Disminuido de Si

SOMOS NOVIOS

de **Armando Manzanero**

¹
Somos novios
¹⁵
pues los dos sentimos
¹
mutuo amor profundo
¹⁵
y con eso
¹   ⁴
ya ganamos lo más grande
³
de este mundo.
²
Nos amamos,

nos besamos
¹
como novios,
⁴
nos deseamos
³
y hasta a veces
¹³
sin motivo,

sin razón
¹²
nos enojamos.

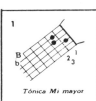

Tónica Mi mayor

Dominante Mi

¹
Somos novios
¹⁶
mantenemos un cariño
²   ¹
limpio y puro;
¹⁶   ¹
como todos y procuramos
¹⁵   ² ¹
el momento más oscuro.
³
Para hablarnos,
²
para darnos
¹
el más dulce de los besos,
⁴
recordar
³
de qué color son los cerezos;
²
sin hacer

más comentarios,
¹
somos novios,
²
solo . . .
¹
novios.

Siempre novios,
²   ¹
somos novios.

Tónica Fa # Menor

Dominante Fa #

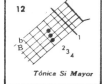

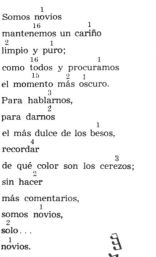

Tónica Si Mayor

Dominante Si

Tónica Do # Menor

Dominante Do #

SOY

Soy, como una tarde gris
y me siento infeliz si tú estás triste.
Soy, un lucero fugaz
que ya no brilla más si tú estás triste
pero soy el mejor día
de la primavera, soy la dicha entera.
Si vuelves a sonreír así, soy,
Soy de nuevo feliz, soy de nuevo feliz
soy de nuevo feliz.
Soy, una ola del mar
que se perdió al llegar
si tú estás triste.
Soy la canción que calló
y el dolor inventó
si tú estás triste.
Pero soy el mejor día
de la primavera, soy la dicha entera
Si vuelves a sonreír así, soy,
soy de nuevo feliz, soy de nuevo feliz
soy de nuevo feliz.

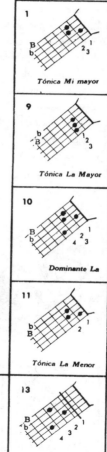

1

Tónica Mi mayor

9

Tónica La Mayor

10

Dominante La

11

Tónica La Menor

12

Tónica Si Mayor

13

Dominante Si

SUSPENSO INFERNAL.

Exito de los Dandy's

Sentí cuando se fue
un beso me dejó
creyendo que dormía
sentí cuando se fue,
y aunque me ahogaba el llanto
no quise retenerla.
Qué cosa puede hacer
un pobre corazón
Cuando ya no lo quiere,
al menos rescatar
un grito de piedad
que implora el corazón.

Sentí cuando se fue,
un beso me dejó
creyendo que dormía
sentí cuando se fue
y aunque me ahogara el llanto
dejé que se marchara
dejé que se marchara
que la noche se llevara
lo que era ya imposible.
Suspenso infernal
sentencia olvidar
dictó mi corazón.

1 Tónica La Mayor

2 Dominante La

3 Tónica Si Menor

9 Tónica Re Mayor

10 Dominante Re

11 Tónica Re Menor

18 Dominante de Do con 5ª aumentada

TRIANGULO

de Bobby Capo

Estoy en medio de un triángulo
sin solución, ni siquiera justificación.
Me enamoré, cuando la vi
por primera vez,
sabiéndolo un imposible.
También en medio de un triángulo
ella quedó, porque al igual que yo
se estremeció.
Comprometió su corazón
más nunca pensó
que perteneciendo a otro
poner sus ojos en mí,
éso haría de nosotros
culpables de convertir nuestro querer
en un triángulo, triángulo, triángulo
nuestro querer.

Tónica ó 1/a de Mi

Tónica Fa M

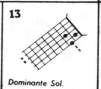

Dominante Sol.

Tónica La menor.

TU CAMINO Y EL MIO

de Antonio Valdés Herrera

Un montón de recuerdos ingratos
una carta que no se ha leído
un retrato tirado en el suelo
y en mi mano una copa de vino.
Eso es todo lo que hay en mi vida
una vida que no vale nada
una historia de amor es perdida
porque tú no quisiste ser mía.
En mi cielo sólo hay nubarrones
que presagian mil noches sin sueño
mucho olvido, dolor y traiciones
y en mis ojos el llanto sincero.
No podré ya seguirte los pasos
tu camino es más largo que el mío
tú te vas a buscar otros brazos
yo me quedo a cumplir mi destino.
No abriré para nada tu carta
ni sabré lo que me hayas escrito
en un marco pondré tu retrato
y en mi mano otra copa de vino.

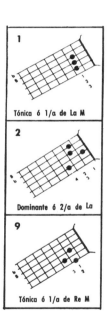

1 — Tónica ó 1/a de La M

2 — Dominante ó 2/a de La

9 — Tónica ó 1/a de Re M

ADIOS, ADIOS AMOR,

éxito de Los Jinetes

Sólo el viento que viene y que va
sabrá que ahora me iré,
por favor no llores mi amor
que mi corazón sufrirá.

Adiós, adiós amor
no sé si volveré,
siempre que me recuerdes
junto a ti yo estaré.

Adiós, adiós amor
tan sólo te diré,
que aunque yo esté muy lejos
junto a ti viviré.

Veo el cielo y la luna brillar
con su luz mi camino guiará
por las noches en mi soledad
no podré mi dolor mitigar.

Adiós, adiós amor
no sé si volveré
siempre que me recuerdes
junto a ti yo estaré.

Adiós, adiós amor
tan sólo te diré
que aunque yo esté muy lejos
en tu mente viviré.

128

Exito de Angélica Maria

20   11   6   22
No sé exactamente qué pasó
20   15   13   12
que todo de repente ya cambió,
         20   11
en nuestro diariamente lo bonito
   20   2   1
tristemente terminó.

           12
A donde va nuestro amor
15   7   9   2   7
si cada día, se va muriendo la flor
15   2
de tu alegría.

1   12 .
A donde va nuestro amor
15   7   9   7   15   3
cariño mío, si donde hubo calor
2   1
hoy solo hay frío.
20   11   6   22
Los sueños que tuvimos una vez
20   .   15   13   12
ahora los vestimos de altibez,
         20   11
creemos ser felices y reñimos
       20   2   1
treinta veces cada mes.

           12
A donde va nuestro amor,
15   7
si cada día
9   2   7
en nuestro cielo hay un sol
15   2
en agonía.

1   12
A donde va nuestro amor,
15   7
yo me pregunto
9   7   15   3
y no sé contestar.
2   1
por cobardía.

A MI MANERA,

```
1                    7
El final se acerca ya
       1            4
lo esperaré serenamente
   3              23
ya ves que yo he sido así
           1
te lo diré sinceramente
        7
viví la intensidad
       10
sin conocer
          9
jamás fronteras

jugué sin descansar
           1
y a mi manera
```

Exito de

RAPHAEL

```
                    7
jamás viví un amor
          4
que para mi fuera importante
   3
corté sólo flor y lo mejor
       23        1
de cada instante,
          7
viaje y disfrute
         10                9
  no sé si más que otro cualquiera
            2           1
si bien lo nuestro fué a mi manera.
            7              3
Tal vez lloré, tal vez rei, tal vez gané

o tal vez perdí
       10
ahora sé que fuí feliz
            1
que si lloré.
         7            9
también me puedo seguir
       2
hasta el final
       1
a mi manera.
```

130

AMOR TRAICIONERO,

Ya estás contenta
acabaste con mi vida,
mentiste al decir
que me querías.

Juraste que el amor
que tú me dabas
era sincero
y yo en ti creía.

Sólo recuerdos
quedaron en mi vida,
tristes recuerdos
de lo que fue tu amor:
amor traicionero
ya te he olvidado.
te puedes marchar.

Ya estás contenta...etc.

Exito de
Los Baby's

COMO QUISIERA DECIRTE,

de Orlando Salinas

Exito de los

Angeles Negros

²⁰
Como quisiera decirte
¹¹   ²⁰
algo que llevo aquí dentro
²²   ¹²
clavado como una espina
¹¹   ¹²
y así va pasando el tiempo
²⁰   ¹¹
si no atinara decirte.
²³   ²²
Lo que a diario voy sintiendo
¹²   ¹⁴
por temor quizá no oirte
¹²   ²⁰ ¹¹ ¹² ²⁰
cosa que oirte no quiero
¹¹
como quisiera decirte
²⁰
que cuando contemplo el cielo

²²   ¹²
la estrella me va diciendo
¹¹   ¹²
como me faltan tus besos
²⁰   ¹¹
como quisiera decirte
²³   ²²
que me escuches un momento
¹²   ¹⁴
para quitarme del pecho
¹²   ²⁰
ésto que me va oprimiendo

HABLANDO:

**Como quisiera decirte
cuando contemplo el cielo
tu estrella me va diciendo
como me faltan tus besos
como quisiera decirte
que eres mi amor mi lucero
que de sentirte tan lejos
de a poco me estoy muriendo**

²⁰   ¹¹
Que quiero que estés conmigo
²³   ²²
como en un final de cuento
¹²   ¹⁴
como quisiera decirte
¹²   ²⁰
decirte cuánto te quiero
¹¹   ¹⁴
como quisiera decirte
¹²   ²⁰
decirte cuánto te quiero.

CORAZON VAGABUNDO,

de: Petter - Petter

Yo no sé por qué
mi corazón es un vagabundo,

y cuál la razón de querer amar
a toda la gente del mundo.

He probado todo para ser sincera,
pero él jamás me comprende,
yo no tengo la culpa que mi corazón
siempre esté sufriendo.

Corazón vagabundo,
corazón sin amor,
vives siempre llorando,

eres muy desgraciado,
corazón sin amor.
Corazón vagabundo,
corazón sin amor,
siempre vives llorando,

eres muy desgraciado,
corazón sin amor.
Corazón vagabundo... etc.

CUANDO TU ME QUIERAS,

```
      3                    2
Noche a noche sueño contigo,
   3                   2
siento tu vida en la mia
```

```
cual sombra divina,            éxito de José José
   7     5     3
cual eco distante
      2
que apenas puedo oir.
```

```
Cuando tú me quieras,
           2
cuando te vea sonreír
                7
vibrarán las campanas
      4          3
y alegres mariposas
   2
lucirán sus colores,
      13      2
en suave vaivén.
```

```
                7
Cuando tú me quieras,
           11
cuando me digas que sí,
   4          3
bajaré las estrellas
   8          7
para ofrecerte un día
14            2
y rendirme a tus piés.
                   15
Subirán por tu balcón
                   7
las flores, que en rubor,
           9    8
reflejarán el brillo,
              7
el brillo de tus ojos.
      13      2
Cuando tú me quieras... Etc.
```

DIECISEIS AÑOS,

Nunca olvidaré mi vida

esa tarde fría del invierno aquél,

yo esperaba en un portal,

comenzaba a llover.

de Daniel - Marti

Tú llevabas un paraguas

yo tomé tu brazo y me cobijé,

comenzamos a reir,

caminamos sin saber.

Nunca mi amor olvidaré

cuando por primera vez yo te besé,

nunca mi amor olvidaré

todo el mundo de ilusión

de nuestro ayer.   Nunca olvidaré las horas

que pasamos juntos en aquél café,

la emoción que yo sentí

al acariciar tu piel.

Tú tenias quince años

yo no había cumplido aún los dieciseis

desde entonces soy feliz

tal y como lo soñe.

135

EL,

de Elbert Moguel D.,

1   15
El que sueña contigo

9   12
siempre platica de tí,

1   15
el que te ofrece su nido

9   12
lo construyó para tí.

    1   15
Si lo quieres también

9   12
haslo feliz,

1   15
dile la verdad

9   12
ya no lo hagas sufrir.

1   15
El que sabes te adora

9   12
y sufre tu orgullo,

1   15
el que siempre te añora

9   12
y quiere ser tuyo.

1   15
Vivir sin tu cariño

9   12
es mejor morir,

    1   • 15
yo lo se porque

9   12
el que te quiere,

1   15 9 12 1
el soy yo.

Exito del

GRUPO YNDIO

136

EL TIEMPO QUE TE QUEDE LIBRE,

20
El tiempo que te quede libre

de: José A. Espinosa

si te es posible,
11
dedícalo a mí,
2
a cambio de mi vida entera

o lo que me queda
20
te lo ofrezco yo.
10
Atiende preferentemente

a toda esa gente

11
que te pide amor,
11   20
pero el tiempo que te quede libre
2   20
si te es posible dedícalo a mi.
11   20
El tiempo que te quede libre
2   20
si te es posible dedícalo a mi.
6
No importa que sean dos minutos
22
o si es uno solo yo seré feliz;
6
con tal de que vivamos juntos
22
lo mejor de todo dedícalo a mi;
10
y luego cuando te reclamen

y otra vez te llamen
11
volveré a decir:
11   20
El tiempo que te quede libre
2   20
si te es posible dedícalo a mí.
11   20
El tiempo que te quede libre
2   20
si te es posible dedícalo a mí.

Eva María se fue
buscando el sol en la playa,
con su maleta de piel
y su bikini de rayas.

Ella se marchó y sólo me dejó
recuerdos de su ausencia,
sin la menor indulgencia
Eva María se fue.

Paso las noches así
pensando en Eva María,
cuando no puedo dormir
miro su fotografía.

Exito de Los Freddys

Qué bonita está
bañándose en el mar,
tostándose en la arena
mientras yo siento la pena
de vivir sin su amor.

Qué voy a hacer, qué voy a hacer,
qué voy a hacer si Eva María se fue
qué voy a hacer, qué voy a hacer,
qué voy a hacer si Eva María se fue.

Apenas puedo vivir
pensando si ella me quiere,
si necesita de mí
y si es amor lo que siente.

Ella se marchó y sólo me dejó...

138

FALSEDAD,

Yo no sé qué ocultas en tus intenciones

al pedir perdón

yo no sé, si es cierto

el arrepentimiento de tu corazón.

Yo no sé si tú querías

que sufriera con tu proceder

yo no sé si estaba escrito

que lo nuestro no podía ser

A. LO. VECCHIO -

R. VECCHIONI -

M. CLAVERO.

pero estoy seguro que no ha sido por mí

hace mucho que lo presentí.

Falsedad en casi todas tus promesas

sólo hay falsedad,

falsedad diciendo que es el consuelo

de mi soledad

mentiras nada mas en el fondo de tus ojos

sólo hay falsedad

falsedad con ella has destruído toda mi felicidad

yo no sé qué ocultas en tus intenciones

al pedir perdón

yo no sé, si es cierto

el arrepentimiento de tu corazón

pero lo que es cierto

es que no creo más en ti

con tus desengaños aprendí falsedad.

139

MI DESTINO FUE QUERERTE,

de Felipe Valdés Leal

Hay que suerte tan negra y
tirana es la mia
al haberte encontrado a mi
paso una vez.

Tan feliz y contento que sin ti yo vivia
cuando yo ni siquiera en tú nombre soñé.
Hasta que una mañana fatal
de mi vida el destino te enviara
mi suerte cambiar
al instante sentí que tu imagen querida,
ya jamás de mi mente se habria
de borrar.

MI SEGUNDO AMOR,

de: Los Cuates Castilla

Yo tuve un amor
y me traicionó,
dejándome en el alma
una desilusión.

Tuve de aquel amor
una amarga impresión
y de casualidad
te presentaste tú.

Tú, mi segundo amor,
fue que vino a borrar
esa duda constante
que yo tenía,

culpa de aquel amor
en quien yo creía
Yo que siempre creí
que sólo había un amor,
hoy contigo aprendí
que hay un segundo amor.

EXITO DE

"PIRULÍ"

141

NUNCA DIGAS,

de Daniel López,

[20]
Sigue diciendo que [2] siempre
[20]
la culpa la tengo yo
[2]
sigue creyendo en tu orgullo
[20]
nunca se te quitará.
[11]
pero nunca digas
[2]   [20]
que por mi todo acabó
[2]
rompes mi amor en pedazos
[20]
sufres igual como yo
[2]
diles lo que nos amamos
[20]
deja hablar tu corazón.
[11]
pero nunca digas
[2]   [20]
que por mi todo acabó
[11]   [2]
pero nunca digas que por mi
[20]
todo acabó.

LOS SOLITARIOS

[2]
Ven a mi lado y olvida
[20]
tu orgullo y tu vanidad
[2]
diles lo que nos amamos
[20]
deja hablar tu corazón
[11]
pero nunca digas
[2]   [20]
que por mi todo acabó
[11]
pero nunca digas
[2]   [20]
que por mi todo acabó

142

PINTANDO CORAZONES,

[1]
Pintamos nuestras iniciales

[2]
en medio de un corazón,

cuando fuimos estudiantes;   **de Claro Boone**

[1]
y conocimos el amor.

Te acuerdas que no importaba

[10]   [9]
variar la calificación,

[1]
llenando de corazones

[2]   [1]
los árboles y el salón,

[9]   [1]
llenando de corazones

[2]   [1]
los árboles y el salón.

[9]
Y el tiempo ya pasó

[1]
pero nunca borró

[2]   [1]   [10]
el símbolo de nuestro amor,

[9]
y aquel recuerdito

[1]
de ese amor bonito

[2]   [1]
el tiempo lo conservó,

[9]
y aquel recuerdito

[1]
de ese amor bonito

[2]   [1]
el tiempo lo conservó.

[1]
Pintamos nuestras iniciales

[2]
en medio de un corazón...

QUISIERA AMARTE MENOS,

Quisiera amarte menos,

pero no puedo vida mía

y si dejo de amarte

es esperar mi agonía.

DE JESÚS VELAZQUEZ

A veces ni quisiera

seguir amándote mujer

y si dejo de amarte

sin ti, no sé qué hacer.

No sé por qué te quiero,

no puedo comprender,

Exito de Los Baby's

y si dejo de amarte mujer.

sin tu amor yo me muero.

Quién me dará caricias si me dejas;

quién me dará el amor con tanta luz.

Quién me dará los besos

aquí en mi boca,

con esas ansias locas,

como lo hacías tú

Quisiera amarte menos.

TE VOY A ENSEÑAR A QUERER

ÉXITO DE Manoella Torres

Haz un verso cerca de una rosa,

mira el Cielo al atardecer,

piensa mucho en lo que te digo,

corazón,

pues te quiero y te quiero dar mi

amor.

Cada noche cuenta las estrellas,

son los besos que te quiero dar;

una de ellas, la que más tú quieras

alcanzar,

me la traer y te volveré a besar.

Te voy a enseñar a querer, cariño de

mi corazón,

te quiero y te quiere mi amor

y quiero tus besos sentir.

Tus ojos los quiero mirar

muy cerca de mi corazón

te voy a enseñar a querer

y entregarme tu amor

de LAURA GOMEZ LLANOS B.

145

TONTO,

de Ismael Armenta

Tonto,

como te pones a pensar,

como te pones a dudar que no te quiero,

Tonto,

si cuando estás lejos de mí

es tan inmenso mi sufrir

que casi muero.

Eres, eres mi luna y mi sol,

eres mi única ilusión,

la razón de mi existir.

Nunca he dejado de quererte,

ni he pensado abandonarte,

dí porqué dudas de mí.

Nunca he dejado de quererte,

ni he pensado abandonarte,

dí porqué dudas de mí.

146

TIENES QUE VOLVER,

de Sergio Ruiz

Tienes que volver

porque jamás se olvida

.los ratos felices

y todas las horas

que junto a tí pasé.

Tienes que volver,

tienes que volver,

pues dentro de tu alma

hay un recuerdito

que yo en tí dejé.

Las horas más felices

de tu vida

las viviste conmigo,

es por eso que algún día

tienes que volver.

Cuando hizo frió yo te tapé

y por las noches yo te besé

y no te tengo que recordar,

vas a volver.

Tienes que volver,

tienes que volver,

pues dentro de tu alma

hay un recuerdito

que yo en tí dejé,

pues dentro de tu alma

hay un recuerdito

que yo en tí dejé.

147

TU INOLVIDABLE SONRISA,

de M. A. Vázquez,

Olvidaré tu mirada,
tu piel tan suave. tan lisa
olvidaré lo que quieras,
pero jamás tu sonrisa.

Olvidaré tanto bueno.
lo malo lo olvido aprisa
olvidaré tantas cosas
pero jamás tu sonrisa.

Ella refleja el encanto
de la alegría de la infancia.
el misticismo de un santo
y una exquisita elegancia.

Olvidaré esa tu mano
que me brindó sus caricias,
olvidaré lo que quieras
pero jamás tu sonrisa,
pero jamás tu sonrisa,
pero jamás tu sonrisa.

148

VEINTE AÑOS

DE F. Valdés Leal,

éxito de los Baby's

Traigo un sentimiento pero muy adentro,
en el mero fondo de mi corazón,
viejas decepciones que me trajo el tiempo
una historia negra de un maldito amor.

La mujer que quise me dejó por otro,
les seguí los pasos y maté a los dos
yo no fui culpable porque estaba loco,
loco por los celos, loco por su amor.

Las leyes de la tierra dictaron su sentencia
me dieron sin clemencia veinte años de prisión
y aquí estoy prisionero, mirando tras las rejas
únicamente el cielo donde se encuentra Dios.

VOY A RIFAR MI CORAZON,

Voy a rifar mi corazón
subastándolo, ofreciéndolo voy,
no voy a dejarlo solito,
de amor tan probrecito **éxito de Alberto Vázquez**
sin alguien que pueda amar.

Mañana mismo ya me voy

sin saber a dónde ir

por el mundo a buscar,

no me interesa la riqueza,

no me importa la pobreza

quiero alguién que sepa amar.

Voy a rifar mi corazón

subastándolo, vendiéndolo yo voy,

voy a rifar mi corazón

ofreciéndolo por amor, cariño y paz.

YO NO QUIERO UN HERMANITO,

de: Juan Carlos Gil

Mi mami

dice que estoy muy solito

y por eso un hermanito,

pronto me va a regalar.

Mamita,

yo no quiero un hermanito,

lo que quiero es un perrito

chiquitito y juguetón.

Mi mami

dice que el nuevo hermanito

desde París me lo van a traer,

¡qué cosa absurda!

cuando es más barato comprar

un perrito nacional.

Mamita,

yo no quiero un hermanito,

lo que quiero es un perrito

chiquitito y juguetón.

151

YO POR PERMITIRLO, de A. Manzanero,

1
Tú no eres culpable

15
de amargar mi corazón,

3   2
yo por permitirlo;

3
tú no eres culpable

2
de que pierda la razón,

1
yo por no evitarlo.

10
Tú no eres culpable

4
de vivir dentro de mí,

3   11
te dejé yo hacerlo,

13
si de cuerpo y alma

pertenezco sólo a tí,

3   2
debo de aceptarlo.

EXITO DE
Manoella
Torres

1
Tú no eres culpable

15
de mirar solo mi mal,

3   2
yo por permitirlo,

3
tú no tienes culpa

2
que me arrastre a tu maldad,

1
yo por no evitarlo.

10
Tú no eres culpable

4
que no quiera más vivir,

3   11
yo por permitirlo;

1
tú no tienes culpa

3   2
de matar mi porvenir,

1   3 2
yo por no evitarlo,

1   3 2
yo por permitirlo,

1   3 2 1
yo por no evitarlo,

152

AMORES QUE VAN Y VIENEN,

1

Amores que van y vienen

como las olas del ancho mar

a pecho no hay que tomarlos

hay que dejarlos nomás pasar

al mal paso darle prisa

nomás les hablo luego a volar

porque el que con lumbre juega

tarde o temprano se ha de quemar

qué bonito qué bonito

es vivir con libertad

que nos dura si la vida

sé nos tiene que acabar

amores que van y vienen

nunca hay que amarlos

con gran pasión

hay que tener cuidado

que no nos lleguen al corazón

pobre del que se apasiona

con lo que nunca suyo ha de ser

tendrá que pasarlas duras

de: Cuco Sánchez

porque maduras no han de caer

qué bonito qué bonito

es vivir con libertad

que nos dura si la vida

se nos tiene que acabar

DAME UN POCO DE TI,

de José Alfredo Jiménez

No te vayas así
dame un poco de ti
te lo estoy suplicando
este amor sin igual
no se puede acabar
si lo dejas llorando.
Yo
cómo debes amar
te pienso querer
más bonito que ayer
y por toda la vida
yo te voy a enseñar
cuando todo se olvida
esta noche de amor
yo seré para ti
lo que tanto has soñado
esta noche mi amor
tú serás para mí
lo que nunca he encontrado.
No
te vayas así
dame un poco de ti.

154

CUATRO CIRIOS,

Cuatro cirios encendidos
hacen guardia a un ataúd
y en él se encuentra tendido
el cadáver de mi amor
¡ay que velorio tan frío
qué soledad y dolor
sólo están los cuatro cirios
también de luto vestidos
igual que mi corazón.

Como sombra vagarás
y será tu maldición
que nadie pueda quererte
igual que te quiero yo

éxito de Javier Solís

y tendrás que responder
ante el tribunal de Dios
no se mata impunemente
y tú mataste mi amor.

A través de la montaña
voy cargando mi ataúd
y regaré con mi llanto
una tumba y una cruz
¡ay que cortejo tan frío
qué soledad y dolor
sólo están los cuatro cirio
también de luto vestidos
igual que mi corazón.

155

CUCURRUCUCU PALOMA,

Dicen que por las noches
no más se le iba en puro llorar.
dicen que no dormía,
no más se le iba en puro tomar.
Juran que el mismo cielo,
se estremecía al oír su llanto,
como sufrió por ella,
que hasta en su muerte la fue llamando.
Cucurrucucú, cucurrucucú, cantaba,
ja ja, ja ja, ja ja, reía,
ay, ay, ay, ay, ay, ay, lloraba,
de pasión mortal moría,

éxito de Lola Beltrán

Que una paloma triste
muy de mañana, le va a cantar,
a la casita sola
con sus puertitas de par en par
Juran que esa paloma
no es otra cosa, más que su alma.
que todavía la espera,
a que regrese la desdichada.
Cucurrucucú, paloma,
Cucurrucucú, no llores,
las piedras jamás,
las piedras jamás, paloma
que van a saber, de amores.
Cucurrucucú, cucurrucucú,
cucurrucucú,
paloma ya no le llores

DIA NUBLADO, de José Alfredo Jiménez

Ya mis canciones no son alegres,
ya mis canciones tristeza son,
ya me encontré con el sentimiento,
ya me encontré con la decepción.

Fuiste mi cielo mas con el tiempo
mi cielo en nubes se convirtió.
un día nublado con mucho viento
entre otras nubes se me perdió.

Si he de morirme sin tu cariño
dile a la muerte que venga ya
que al fin y al cabo algún día el destino
quiera o no quiera me ha de matar.

Yo que al tequila le tuve miedo
hoy me emborracho nomás con él
y en cada copa miro una pena
y en cada pena miro un querer.

Yo que te adoro quisiera odiarte
mas mi destino es vivir por ti
si he de esperarte aunque nunca vuelvas,
quiero morirme pensando en ti.

Cuando me amabas todo era dicha
hasta la luna brillaba más,
hoy ni la luna ni el sol me alumbran
hoy todo es pena y oscuridad.

EL QUELITE,

de Alfonso Esparza Oteo

Qué bonito es el quelite
bien haya quien lo formó
que por sus orillas tiene
de quien acordarme yo
camino de San Lorenzo
camino de San Javier
no dejes amor pendiente
como me dejaste a mí.

Coros

Mañana me voy mañana,
mañana me voy de aquí
y el consuelo que me queda
que se han de acordar de mí
la la la la la la la la la
la la la la la la la.
Detrás de un encino verde
me dio sueño y me dormí
y me despertó un gallito
cantando ki ri ki ki.
Yo no canto porque sé
ni porque mi voz sea buena
canto porque tengo gusto
en mi tierra y en la ajena.

Coros

Mañana me voy mañana,
mañana me voy de aquí
y el consuelo que me queda
que se han de acordar de mí
la la la la la la la la la
la la la la la la la.

EL MIL AMORES,

De Altamira Tamaulipas

traigo esta alegre canción

al son del viejo violín

mil jaranas canto yo

a las mujeres bonitas

que son de mi adoración

de Altamira Tamaulipas

traigo esta alegre canción.

de Cuco Sánchez

Si la vida es un jardín

las mujeres son las flores

el hombre es el jardinero

que goza de las mejores

yo no tengo preferencia

por ninguna de las flores

me gusta cortar de todas

me gusta ser mil amores.

Dichoso aquel que se casa

y sigue en la vacilada

siempre anda jugando contras

a escondidas de su amada.

Pero más dichoso yo

que no me hace falta nada

tengo viudas y solteras

y alguna que otra casada.

159

INTERPRETA MI SILENCIO,

de Salvador Velázquez

Interpreta mi silencio

y siente así el desprecio

que te da mi corazón.

Si te quise fue por necio

y hoy que se cual es tu precio

te agradesco tu traición.

Tú creiste que tu engaño

a mi alma le hizo daño

pero estas en un error.

Me preguntas si te quiero

te lo dejo a tu criterio

porque yo te digo adios.

Pero si acaso en el camino

por caprichos del destino

blasfemaras contra mi amor

Adivina el pensamiento

interpreta mi silencio

y que te bendiga Dios.

LA NOCHE Y TU,

de José Alfredo Jiménez

Anoche soñe contigo

soñe soñando

que te tenía aquí en mi lecho

que me abrazaba en tu pecho

que tu boca me besaba.

Anoche soñe contigo

soñe soñando

que te tenía en mi lecho

que me abrazaba en tu pecho

que tu boca me besaba.

La noche, las estrellas y la luna

me oyeron ofrecerte mi canción

mi amor... y el corazón.

Y así me paso las horas,

canta y cantando

y así me siento dichoso

y ya no es tan doloroso

pasar la noche esperando.

La noche, las estrellas y la luna, etc.

161

LUZ DE LUNA,

éxito de Miguel Aceves Mejía

Yo quiero luz de luna
para mi noche triste
para sentir, mi vida,
la ilusión que me trajiste.
Para sentirte mía,
mía, tú como ninguna,
pues desde que te fuiste
no he tenido luz de luna,
pues desde que te fuiste
no he tenido luz de luna.

Yo siento tus amarras
como garfios, como garras,
que me ahogan en la playa
de la farra y el dolor.
Si llevo tus cadenas a rastras
en la noche callada,
que sea plenilunada
azul como ninguna;
pues desde que te fuiste,
no he tenido luz de luna,
pues desde que te fuiste,
no ha tenido luz de luna.

NO SIGAS LLORANDO,

de: Fenando Z. Maldonado

1
No te dejaré, no te dejaré,
  30   2
no sigas llorando

deja de llorar, deja de llorar
            1
no èstés suspirando

como hembra que soy, como hembra que soy
  30   2
me estoy aguantando

pero si me voy, pero si me voy
           1
ya estoy regresando
10   9   2
Adiós amor, adiós amor
        1
aunque ya me voy
    2   1
no te dejaré no sigas llorando.

PALOMA DÉJAME IR,

de Tomás Méndez

Paloma déjame ir

y abre tus brazos de grana

que ya en la ventana

el lucero brilló.

Paloma déjame ir

no me preguntes

que si te quiero

si lo estás viendo

que por ti me muero

y en tus brazos quiero morir.

Paloma déjame ir

quiero encontrar

tibio el nido

a la noche que vuelva

ya sabes pa' que

ya estate seria preciosa

ya estate quieta paloma

que el sol por la ventana

ya se asomó.

SABES DE QUE TENGO GANAS,

de Salvador Velázquez

Sabes de qué tengo ganas
de perderme en esta noche
y entregarme a tu cariño.
Sabes de qué tengo ganas
de dormir desde este viernes y
despertar el domingo.
Sabes de qué tengo ganas
de que el sol salga de noche
del amor hacer derroche
hasta hacerte enloquecer,
de adorarte sin medida,
aunque después de esos
días, pasen dos o tres semanas
sin mirarnos otra vez.
No me niegues lo que pido
quiero estar solo contigo,
disfrutar de tu cariño,
sacrifícate conmigo.

TE TRAIGO ESTAS FLORES,

Te traigo estas flores
que corte por la mañana
en prueba de amor
de este corazón que te ama.

de Joe Mejía

Con ellas te mando
amor y ternura
y que Dios te guarde
hermosa creatura,
eres toda mi ilusion.

Te traigo estas flores
porque no encontré palabras,
palabras de amor,
yo no sé como explicarlas.

Y cuando te acercas
me lleno de miedo,
me da mucha pena,
será que no puedo
decir lo que siento yo.

Son un humilde tributo
a tu belleza encantadora,
son pa' que adornes tu fren
y tu sonrisa soñadora.

Recibe con ellas
de mi alma un suspiro
y ya me retiro
pa' seguir soñando
ser mío tu corazón.

166

Exito de Javier Solis

Siéntate a mi lado

mi reciente amiga,

tómate una copa

mientras escuchamos

aquella canción.

Tú no me conoces

ni yo te conozco,

pero este momento

quiero ser tu amigo

por una ocasión.

Si ves en mis ojos

lágrimas que corren;

no es que esté llorando

es que estoy fumando

y el humo me entró.

Siéntate a mi lado

tómate una copa,

mientras vas secando

el llanto que el humo

en mis ojos dejó.

167

VOLVER, VOLVER,

de: F. Z. Maldonado

1
Este amor apasionado

anda todo alborotado
2
por volver,

voy camino a la locura

y aunque todo me tortura
1
del querer.

Nos dejamos hace tiempo
10
pero me llegó el momento
9
de perder,
1
tú tenías mucha razón
2
le hago caso al corazón
1
y me muero por volver.
2
Y volver, volver, volver

a tus brazos otra vez
2
llegaré hasta donde estes
9 7
yo se perder, yo se perder
3 1
quiero volver, volver, volver.

Y volver, volver, etc.

168

CUANDO UN AMIGO SE VA,

Cuando un amigo se va
queda un espacio vacío
que no lo puede llenar
la llegada de otro amigo.

Cuando un amigo se va
queda un tizón encendido
que no se puede apagar
ni con las aguas de un río.

Cuando un amigo se va
una estrella se ha perdido
la que ilumina el lugar
donde hay un niño dormido.

Cuando un amigo se va
se detienen los caminos
y se empieza a revelar
el duende manso del vino.

éxito de Alberto Cortez

Cuando un amigo se va
galopando su destino
empieza el alma a vibrar
porque se llena de frío.

Cuando un amigo se va
queda un terreno baldío
que quiere el tiempo llenar
con las piedras del hastío.

Cuando un amigo se va
se queda un árbol caído
que ya no vuelve a brotar
porque el viento lo ha vencido.

Cuando un amigo se va
queda un espacio vacío
que no lo puede llenar
la llegada de otro amigo.

169

AMARGA NAVIDAD,

éxito de Amalia Mendoza

Acaba de una vez,

de un solo golpe

¿por qué quieres matarme

poco a poco? si va a

llegar el día, en que

me abandones prefiero corazón

que sea esta noche.

Diciembre me gusto, pa' que te

vayas que sea tu cruel

adiós mi navidad, no

quiero comenzar el año nuevo

con este mismo amor

que me hace tanto mal.

Y ya después,

que pase mucho tiempo

que estés arrepentida,

que tengas mucho miedo

vas a saber que aquello

que dejaste fue lo que más quisiste

pero ya no hay remedio

Diciembre me gusto pa' que te vayas...

170

AMOR,

de Pedro Flores

¹
Amor,
          15   7
cuando tú sientas amor
     9   17   1
serán color de rosa los colores
     9   12   1
habrá miel en todos los sabores
        12   1
y amor en todo lo que es amor.
1   16   9   16
Amor es el milagro de la vida
                      15
la única magnifica emoción

12   1   4   3
Amor es lo que siento yo en el alma
17 15   16
y llena de ansiedad mi corazón.

     3   16   15
Amor yo te profeso prenda amada
12   9   16   15
apiadate de mí, dame tu amor.

ANSIEDAD,

de Ernesto Cortázar

15   16
Hay en tus labios en flor
15
un veneno mortal;
16
son tus caricias de amor
9
un delirio sensual;
4   3
y en el calor que me dejan tus manos
13
una ansiedad que me quema
2   18
hasta el corazón.
1   15   3
Tiene la luz de tus ojos
2   1
un fuego fatal;
15   3
eres como otras mujeres
2   4
y no eres igual.
9   11
Eres hoguera insaciable
1   7   15
que consume mi razón sin compasión.
13
¿Qué puedo hacer
2   18
si tu querer es ya mi vida?
1   15   3
Sé que al no estar a tu lado
2   1
me siento morir;
15   3
es que el amor que me has dado
2   4
lo quiero vivir.
9   11
Rompe mi vida en pedazos
1   7
que yo a ti, nomás a ti
4
te quiero dar...
9   11
Tus brazos han de ser
1   4   2 1   2 1
calor de mi querer, mujer

AMOR NECIO,

éxito de Marco Antonio Vázquez

Qué culpa tengo yo
que no me quieras,

que mi cariño

siendo tan necio

esté contigo.

Yo bien comprendo

que mi castigo

es pensar
en ti,

que tu desprecio

es latigazo

que parte mi alma,

qué puedo yo esperar

de tu cariño;

mas sin embargo

te seguiré esperando

hasta que muera.

Qué culpa tengo yo

que no me quieras.

BASURA,

Tú recibiste la amargura
y el dolor de todo mi pasado
y envenenado con saliva de traición,
me muero enamorado.

Porque las noches   **éxito de Los Panchos**
que me diste de placer
se fueron tan temprano,
que yo no vi la luz del sol
porque no está mi lecho acompañado.

Tu amor fue para mí
un mundo extraño,   No me conformo
tan lleno de mentiras;   a las caricias de otro ser
tu amor fue para mí   si ya no son las tuyas
desgracia para siempre   y sólo espero que
que no tiene fin.   te vuelva a recoger
                                     como cualquier basura.

Porque yo debo perdonar
por la razón que tienes hermosura
y yo también me confundí,
cuando te vi, basura me volví.

La ra ra ra, ra ra ra ra,
la ra ra ra,
la ra ra ra, ra ra ra ra,
ra ra ra ra.

basura me volví

174

BUENAS NOCHES MI AMOR

S   3-11-1
Buenas noches, mi amor,
   19   3-2
me despido de ti,
               3
que en el sueño tú pienses
   2   1-19-3-2
que estás cerca de mí.
S   3-11-1
Buenas noches, mi amor
   19   3-2
me despido de ti,
               3
que en el sueño tú pienses
   2   1-19-3-2
que estás cerca de mí.
          10
Ya mañana en la cita
        9
te hablaré de mi amor,
        13
y asomado a tu mirar
            2
serás, mi bien, la vida mía
S   3-11-1
Buenas noches, mi amor
   19   3-2
me despido de ti,
            3
que al mirarnos mañana
   2   1
me quieras mucho más.

CADA NOCHE UN AMOR,

de Agustín Lara

Cada noche un amor
distinto amanecer
diferente visión.
Cada noche un amor
pero en mi corazón
sólo tu amor quedó.
Oye te digo en secreto
que te amo deveras
que sigo de cerca tus pasos
aunque tú no quieras.
Que vivo tu vida
por más que te alejes de mí
que nada ni nadie
hará que mi pecho
se olvide de ti.
Oye te digo en secreto, etc.
Que vivo tu vida
por más que te alejes de mí
que nada ni nadie
hará que mi pecho
se olvide de ti.

CONFORMIDAD,

de Vicente Garrido

Cuando sentí

que te alejabas de mi vida

creí que ya nada podría

mis ilusiones revivir.

Pero ya ves,

el tiempo borra las heridas

y aquel amor que te ofrecía

pudo librarse de esa ley.

Vuelvo a reir,

cuando hay motivo de alegría,

vuelvo a sentir

las mismas ansias de vivir.

Más por mi mal,

dudo al mirarte ya perdida,

si te olvidé por cobardía

o natural conformidad.

177

DESVELO DE AMOR

[20]
Sufro mucho tu ausencia

no te lo niego
[2]
yo no puedo vivir
[20]
si a mi lado no estás

Dicen que soy cobarde
[23]
que tengo miedo
[14]
de perder tu cariño
[2]
de tus besos perder.
[20]
Yo comprendo que es mucho
[13]
lo que te quiero
[2]
no puedo remediarlo
[1]
que voy hacer

Te juro que dormir

casi no puedo
[2]
mi vida es un martirio
[1]
sin cesar

mirando tu retrato
[2]
me consuelo

vuelvo a dormir
[1]
y vuelvo a despertar.

Dejo el lecho y me asomo
[2]
a la ventana

contemplo de la noche
[1]
su esplendor

me sorprende la luz
[3]
de la mañana
[11]
¡ay, en mi loco
[2]   [1]
desvelo por su amor.

178

ETERNAMENTE,

de Alberto Domínguez

Pensar que todo tengo
y nada puedo yo tener;
la vida me da flores
el sol me da su luz.
Pensar que todo tengo
y nada puedo yo tener;
porque lo tengo todo
pero me faltas tú.
Dime vida si tú sufres por mi amor
si una duda llega tu alma a atormentar,
comprende que como a nadie yo te quiero,
que tú vivirás en mi corazón una eternidad
Tú bien sabes que los años pasarán,
pero nunca que yo te olvide lograrán;
pues tuyo, será mi amor eternamente,
y para los dos la felicidad
tendrá que brillar . . .
y para los dos la felicidad
tendrá que brillar

ESCANDALO,

de R. Fuentes y R. Cárdenas

Porque tu amor es mi espina
por las cuatro esquinas,
hablan de los dos,
qué es un escándalo dicen
y hasta te maldicen,
por darte mi amor.
No hagas caso de la gente,
sigue la corriente
y quiéreme más.
con eso tengo bastante,
vamos adelante
sin ver qué dirán.
Si yo pudiera algún día,
remontarme a las estrellas
conmigo te llevaría
a donde nadie nos viera.
No hagas caso de la gente,
sigue la corriente,
y quiéreme más,
que si esto es escandaloso
es más vergonzoso,
no saber amar.

180

FINA ESTAMPA,

de Chabuca Granda

y G. A. Santiago

Una veredita alegre
con luz de luna o de sol,
tendida como una cinta
con sus lados de arrebol.

Arrebol de los geranios
y sonrisas con rubor.
arrebol de los claveles
y las mejillas en flor.

Perfumada de magnolia,
rociada de mañanita,
la veredita sonríe
cuando tu piel acaricia.

Y la cuculí se ríe
y la ventana se agita
cuando por esa vereda
tu fina estampa paseas.

Fina estampa, caballero,
caballero de fina estampa,
un lucero que sonriera
bajo un sombrero,
no sonriera más hermoso
ni más luciera, caballero,
y en tu andaranda reluce

la acerada andarandal.

Te lleva por los aguajes
y a los patios encantados,
te lleva por las plazuelas
y a los amores soñados.

Veredita que se arrulla
con tafetanes bordados,
tacón de chafín de seda
y justes almidonados.

Es un caminito alegre
con luz de luna o de sol
que he de recorrrer cantando
por si te puedo alcanzar,
fina estampa caballero
quién te pudiera guardar.

Fina estampa, caballero,
caballero de fina estampa,
un lucero que sonriera
bajo un sombrero,
no sonriera más hermoso
ni más luciera, caballero
y en tu andaranda reluce
la acerada andarandal.

181

JURAME,

20   2
Todos dicen que es mentira
          20
que te quiero
      10
porque nunca me habían visto
          11
enamorado

de María Greever

Yo te juro que yo mismo
              2
no comprendo

el por qué tu mirar
                  20
me ha fascinado
                    2
Cuando estoy cerca de ti
          20
estoy contento
      10
no quisiera que de nadie
          11
te acordaras

                              20
tengo celos hasta del pensamiento
              2
que pueda recordarte
                  1
a otra persona amada
          1
Júrame, que aunque pase mucho tiempo

pensarás en el momento
          19   3
en que yo te conocí
          2
Júrame, que no hay nada más
          3
profundo, ni más grande en
              2   1
este mundo que el cariño que te di
  10   9
bésame con un beso enamorado
                      11
como nadie me ha besado
                          12
desde el día en que nací
  9 11   1
quiéreme, quiéreme hasta la locura
4   3
y así sabrás la amargura
          2   20
que estoy sufriendo por ti

Júrame etc

182

LA SIEMPREVIVA,

de Alfredo Núñez de Borbón

Penumbra en el jardín
romance vuelto flor
un pétalo manchado de rocío
Lágrimas de un amor.

Miento, si digo que te odio
porque en el fondo siento
que te quiero tanto
que no puedo más

Eres gotita de mi llanto
que por un desencanto
quedó congelada y no pudo rodar.

Piensa que fuiste tú en mi vida
como una siempreviva
Que en mi triste huerto
yo vi florecer.

Toda la miel que en tu alma
encontré no he de hallarla en
ninguna mujer.

LAGRIMAS DE AMOR,

de Raúl Shaw Moreno

Nos tenemos que decir adios
porque quizá jamás
en la vida te vuelva a encontrar.
Nos tenemos que decir adios
porque esta vez será
nuestra última noche de amor.

Capullito de rosa que tienes para mí,
corazoncito mío, tengo que partir;
aquí dentro de mi alma está lloviendo

aqu dentro de mi alma está lloviendo
como lluvia de llanto, lágrimas de amor

Ya está la madrugada y empieza a amanecer,
pero en mi triste vida parece anochecer;
aquí dentro de mi alma está lloviendo
como lluvia de llanto, lágrimas de amor.

MI RAZON,

de: Homero Aguilar

He perdido para siempre

lo que fuera de mi vida el gran amor,

he perdido por cobarde

lo que tanto veneró mi corazón,

yo no quise hacerle daño,

ni llevarla por caminos de dolor,

y hoy me alejo como extraño,

dando paso a la razón.

Aquí estoy entre botellas,

apagando con el vino mi dolor,

celebrando a mi manera

la derrota de mi pobre corazón,

y si acaso ya inconsciente,

agobiado por los humos del alcohol,

no se burlen si les grito

si entre lágrimas le llamo,

todo tiene su razón.

SABOR A TABASCO,

de Homero Aguilar

Tierra tabasqueña

cálida y resueña tengo tu sabor

tengo aquí en el alma

tu dicha, tu calma tengo tu calor.

Lindo paraíso

llevo aquí el hechizo de tu atardecer

Comacalco hermoso, Cárdenas glorioso

yo los quiero ver.

Toda la Chontalpa

la llevo en el alma junto al corazón;

sabor a chorote, olor a cacao

amor con pasión.

Y por el Grijalva

esperando el alba de un anochecer

Parra de Santa Ana también

cuna soberana mi bien

de este ritmo tropical.

Villahermosa linda

llena de calor, ahí esta mi vida

ahí esta mi amor,

PECADO MORTAL,

de Doris Anguian

Yo sé que tu amor es un castigo
que amarte es pecado mortal
y que nada entre tú y yo es permitido
y entre sombras nos tenemos que adorar
Quiéreme

lo mismo que te estoy queriendo yo
mírame

con fuego en las pupilas de ansiedad.
Tómame

que a todo estoy dispuesto por tu amor
y siénteme

como te siento yo.
Búscame

con el deseo ardiente de pecar

y bésame

que sangren nuestros labios al besar.
Júrame

que aunque el mundo me juzgue
que aunque todos me acusen
tú me perdonarás.

Búscame... etc.

187

POEMA

de: Días Rodríguez

    20   2
Poema, es noche obscura de amargura
   11 2   20
poema es luz que brilla allá en el cielo
   28   20
poema, es esperar a un sér querido
       2   20
que uno quiere y que no viene
   11 6   22
poema es el cantar de un pajarillo
 20   10   11
que vive fuera de su nido
        2   20
con la esperanza de volver
   11   20
poema es soledad de la alborada
           11
un ebrio triste en la calzada
  2   20
queriendo la luna alcanzar.

188

POR AMOR.

Por amor[20]

se han creado los hombres

en la paz de la tierra.[2]

Por amor[11]

hay quien haya querido[2]

regalar una estrella.[20]

Por amor[11]

fue una vez al calvario[20]

con una cruz a cuestas.

Aquel[14]

que también por amor[11]

entregó el alma entera.[2]

Por amor[20]

se confunden las aguas

y en la fuente se besan,[2]

y en las alas de las mariposas[11] [2]

los colores se crean.[20]

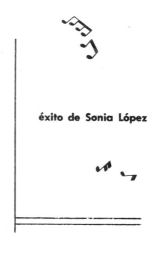

éxito de Sonia López

Por amor[11]

ha existido en el mundo

siempre tanta belleza[14]

y el color de la naturaleza

se pintó por amor.[2]

Por amor[1]

soy de ti[2]

y seré[1]

toda la vida,[9]

mientras viva.[3]

Por amor[2]

soy de ti,

por amor, por amor, por amor[20] [14]

Por amor.[2 - 1]

189

QUIERO SABER,

éxito de Manolo Muñoz

1
Quiero saber
19   3
si recuerdas mis besos,
2
quiero saber
18   1
si recuerdas mi nombre.
21
Ya no podré
4   3
apartar de mi mente,
13
esos dias de ayer
2   18
que vivimos tú y yo.
1
Quiero saber
19   3
si ya tienes un dueño
2   18
que haga vibrar tu amor
1
como el sueño.
21
Di por favor
4   3
que no me has olvidado
11   1 19
para estar yo pensando
3 2
solamente
1
en tu amor.

SIN REMEDIO, de Chucho Navarro,

éxito de Los Panchos

Sin remedio,
que ya no tengo remedio,

pues ni arrancándome el alma
podré borrar tu pasión.
Sin remedio,
que ya no podré olvidarte
porque te llevo en la sangre
que mueve mi corazón.

Sin remedio,
sin tí no tengo remedio

y aunque es vergüenza rogarte
a que calmes mi dolor.
Sin remedio,
he venido a suplicarte
y a decirte que estoy loco,
sin remedio, por tu amor.

191

SE MUY BIEN QUE VENDRAS,

de Antonio Núñez

Nuevamente vendrás hacia mi
yo lo aseguro.
cuando nadie se acuerde de ti
tú volveras.

Y otra vez hallarás en mi ser
el consuelo para tu dolor
y otra vez volverá a renacer
nuestra felicidad.

Nuevamente vendrás hacia mi
yo lo aseguro.
cuando todos se olviden de tí
tú volverás.

Cuando estés convencida
que nadie en el mundo
te pueda querer como yo,
tú vendrás a buscarme,
sé muy bien que vendrás.

NOVIA MIA, NOVIA MIA,

de Guerrero y Castellanos

Esta novia mía va a ser mi tormento,

de noche y de día

no sé lo que siento.

Cara tan bonita,

cara tan bonita,

va a ser mi tormento.

Novia mía, novia mía,

cascabel de plata y oro

tienes que ser mi mujer.

Novia mía, novia mía,

con tu cara de azucena

¡ay! lo que te voy a querer

por llevarte a los altares,

cantaré con alegría,

que sin ti no quiero a nadie,

novia mía, novia mía.

Esta novia mía...

RECUERDOS DE TI,

éxito de Los Panchos

Hoy que me encuentro solito
tan lejos de ti,
no sabes cuánto te extraño
y sufro por ti.
Cuando te tuve cerca de mi vida
nunca me imaginé que te quería.
¡No sabes cuántos amores
dejé por ahí!...
Pero de todos juntitos
me acuerdo de ti;
no llores corazón,
no me hagas padecer,
que falta mucho tiempo
para volver.

194

SEGUIRE MI VIAJE,

de Alvaro Carrillo

Ya todo lo llenas tú,
yo no soy nada en ti
v te voy a dejar,
al fin tú eres feliz,
ni lo vas a notar.

Soy dolor
que nunca te ha dolido,
soy amor
que ha fuerza se ha metido,
soy una simple comparsa
y por eso me voy.

No sufriré tu altivez
aunque puedas vivir
con el mundo a tus pies,
si mi más grande amor
tan pequeño lo ves.

Me haces menos
y ese es mi coraje
y si no te gusta
lo que traje, adiós,
que de algún modo
seguiré mi viaje.

No sufriré tu altivez... etc.

SIGAMOS PECANDO,

éxito de los Diamantes

Olvida aquel instante [20]

en que con tanto miedo [11]

te dije temeroso [2]

que había que renunciar. [20]

Nuestro amor es tan grande,

tan grande y tormentoso [11]

que aunque nos cause llanto [20]

es este amor prohibido [2] nuestra félicidad. [20]

Yo seguiré venciendo [6]

el peligro de quererte [22]

tú seguiras viviendo [13] la angustia del pecar. [2]

Es mejor que sigamos [20]

hasta la misma muerte, [11]

es mejor que sigamos, [20] que sigamos pecando [2]

sin olvidarnos más. [20]

SINCERIDAD,

éxito de los Diamantes

Ven a mi vida con amor

que no pienso nunca en nadie

más que en ti.

Ven te lo ruego por favor

te adoraré.

¡Cómo me falta tu calor!

Si un instante separado estoy de ti

ven te lo ruego por favor

que esperándote estoy.

Sólo una vez

platicamos tú y yo

y enamorados quedamos,

nunca creimos

amarnos al fin

con tanta sinceridad.

No tardes mucho por favor

que la vida es de minutos

nada más

y la esperanza de los dos

es la sinceridad

TENGO,

Tengo
la mejor estrella
que en la noche brilla
para darte a ti.
Tengo
la rosa más bella
que la primavera
pudo concebir.

Tengo
un beso de amor
y un beso lleno de calor.
eso y eso y más tengo
para darte a ti.
Tengo
una y mil razones
feria de emociones
para darte a ti.

Tengo
la ansiedad
que espera
y una vida entera
para darte a ti.
Tengo
ganas de quererte
de
que seas mi buena suerte.
Tengo
mi vida y mi muerte
para darte a ti
para darte a ti.

198

TODO ME GUSTA DE TI

1
Cantando quiero decirte
          2
lo que me gusta de ti
       3   2
las cosas que me enamoran
                        1
y me hacen dueño de ti
               7
tu frente, tus cabellos
        3
y tu rítmico andar
        2   1
el dulce sortilegio de tu mirar

me gusta todo lo tuyo
                 2
todo me gusta de ti
     9   16   15
y ya no cabe más adoración
     10   9   11
en mí, me basta lo que tengo
        1
para amar mi dulce amor
        3   2
ven a mí, ven a mí
     1
por Dios.

TODO SE PAGA,

de Federico Baena

¹　　　²⁹
Para que vuelves tú

¹
no me haces falta

³　　　　　⁷　⁵
tu recuerdo se ha muerto

³　　²
con mi vida

³　　　　　　　²
la historia de ese amor

³
ya está olvidada

²　　　　　　³
y la ilusión de ayer

²　　　¹
también perdida.

Cuando imploré sincero

²⁹
tu cariño.

¹⁰
Te burlaste de mí

⁹
porque lloraba

¹¹
Más hoy que lloras tú,

¹　　⁶
yo soy quien ríe

⁴　　　　　　³
ya lo ves que en amor

²　　¹
todo se paga.

200

TODAVIA NO ME MUERO,

de Claudio Estrada

Todavía no me muero

para dejar de adorarte,

cada día más te quiero

y no he podido olvidarte.

Qué me importa la vida

si tú cariño me falta,

no dejes más encendida

esta pasión que me mata.

He sufrido bastante

y he llorado en silencio,

ahora soy un errante

de tu eterno desprecio.

Todavía no me muero, etc.

TIENES QUE PAGAR,

de Rubén Fuentes

Me desprecias al saber que todavía te quiero [1] [19] [2]
y no quieres comprender que sin tu amor me [3] [2] [1]
  muero,
te molestas porque ves lo mucho que te ruego, [7]
y en tu delirio nunca pensaste que has de [8]
  pagar [7-2]
No es que pida para ti venganza del destino [1] [19] [2]
ni tampoco imploro a Diós vuelvas por mi [3] [2] [1]
  camino,
nos veremos ya después a la hora del balance [10] [9-4-3]
y entonces ya verás que tienes que pagar [2] [1] [4] [1] [13-2]
el mal que me haces. [1]

(Se repite).

202

TRISTEZA,

de: Sergio Méndez

1
Tristeza,

       3
por favor vete lejos

         2
de mi vida, más lejos

     1
pues ya todo acabó

        10
yo tengo el corazón

  9
herido de amargura

 11   1
ya está de más mi padecer

 4   3
quiero volver a aquellos

  2
días de alegría

        1
quiero de nuevo cantar

 9
lara, la, la, ra,

11
la, la, la,

  1
la, la, ra,

 4
la, la, la,

 3
la, la, ra,

 2   1
quiero de nuevo cantar.

TUS PUPILAS,

de Agustín Lara

Tus pupilas eran de fuego,
tus pupilas eran de luz,
y la sombra de tus ojeras
eran un pedazo de cielo azul.

La luz de tus ojos robé
la miel de tus labios bebí,
el mármol de tu carne acaricié
y el oro de tus rizos sacudí.

Formé con tu vida un altar,
y en él mis flores deshojé
y pude mi camino iluminar
con luz que de tus ojos me robé.

VENDAVAL SIN RUMBO,

de José Quiñones

Vendaval sin rumbo que te llevas
tantas cosas de este mundo.

Llévate la angustia

que produce mi dolor

que es tan profundo.

Llévate de mí las inquietudes
que me causan el desvelo
por vivir soñando con un imposible

para el corazón.

Vendaval sin rumbo cuando vuelvas
traeme aromas de su huerto

para perfumar el corazón

que por su amor casi, casi está muerto

dile que no vivo desde el día
en que de mí apartó sus ojos.

Llévate un recuerdo

envuelto en los antojos

de mi corazón.

VOLVERAS POR MI, de Leo Zúñiga

Exito de Chelo y su Conjunto

Me dices que te vas
que así me olvidarás,
que ya no volverás.
Te vas
porque no tienes lástima,
no te importan mis lágrimas
ni que sufra por ti.
Te vas, pero yo sé que volveras,
buscando mi calor vendrás
sé bien que volverás.
Tendrás

el calor de otros besos;
quizás, verás

que no te han de saber igual.
Ay, ay, te vas
pero yo sé que volverás,
buscando mi calor vendrás,
sé bien que volverás.
Volverás por mí.

206

Y ES VERDAD,

de Juan Arredondo

[20]
Si te han dicho

que ando con otra

es verdad. [2]

Y que soy

muy dichoso de nuevo
[20]
es verdad.

Que he encontrado

un amor verdadero

es verdad, es verdad. [2]
[20]
Si sopechas

que ya no te quiero

es verdad. [2]

Que he podido

arrancarte del alma
[20]
es verdad.

Que no vuelvo más nunca a

tu vida
     [2]   [20]
es verdad, es verdad.
[6]
No sé ni me interesa
                    [5]
lo que estarás pensando.
                 [13]
Si sufres, o te alegras
            [2]
por esta decisión.
     [20]
Pero, si te han dicho

que no te perdono,

es verdad. [2]

Que recuerdo

tu amor con tristeza
              [2]
también es verdad, es
     [20]
verdad.
[6]
No sé, ni me interesa
                     [5]
lo que estarás pensando, etc.

207

YO SOY AMOR Y PAZ,

de Héctor Meneses

1   12
Oye, voy a decirte lo que siento
       9
voy a decirte lo que pienso

y ya verás que no te miento
           1 _12
porque busqué acercarme a ti.
1   12
Oye, vamos a hacer un recorrido
       9
por los momentos que se han ido

y por aquellos que han perdido
1
en nuestras vidas un lugar.

      12
Tu cara no se quema con el sol
   9
ocultas una pena un gran dolor
   12
tu alma debe abrirse a mi intención
     1   12
yo soy amor y paz y también dolor
     1   12
yo soy amor y paz y también dolor
     1   12
yo soy amor y paz y también dolor
     9   12
pero estoy para darte de mi todo
1   12
oye, suelta tu llanto reprimido
       9
que yo también estuve herido

olvida todo lo perdido
          1
 erás que pronto pasará
   12
tu cara no se quema con el sol
   9
ocultas una pena un gran dolor
   12
tu alma debe abrirse a mi intensión
     1   12
yo soy amor y paz y también dolor
     1   12
yo soy amor y paz y también dolor
     1   12
yo soy amor y paz y también dolor
     9   12
pero estoy para darte de mi todo.

LLEVATELA,

de A. Manzanero,

Llévatela,   **éxito de los Panchos**
si al fin y al cabo
piensa mucho en ti,
por la forma en que te mira
comprendí que olvidó
todas las cosas que le dí.

Llévatela.
pero tienes que quererla
igual que yo,
es un poco caprichosa.
por momentos es celosa
y otras veces cariñosa.

Hace tiempo
que me está fingiendo,
no me está diciendo
ninguna verdad.

Mis amores
se han ido muriendo,
seguir insistiendo
sería necedad.

209

Llévatela

y si es cierto

que le tienes mucho amor,

eso hará que no le encuentres

ni un error,

vivirás agradecido a su calor.

¡Ah¡ me olvidaba decirte,

si al querer decir tu nombre

pronuncia el de otro hombre,

así le pasó conmigo,

por eso ¡vamos mi amigo¡

te suplico la lleves

por el bien de.....los tres,

por el bien de los tres,

por el bien de los tres.

QUIERO SER FELIZ, de J. A. Rodríguez,

éxito de los Freddy's

Yo[15] quiero ser feliz
a tu lado vida[3] mía,
a tu lado[2]
con la noche y el[1] día.[16]

Yo quiero ser[15] de ti,
como tú eres[3] alma mía,
un encanto[2]
que me llena de alegría.[1][16]

Entiéndeme,[15][9] quiero que
escuches mis[3] palabras,
cansado estoy de[2] repetir
palabras para ti[1][16]
pidiéndote calor.[15]

Entiéndeme,[9] quiero que
escuches mis[3] palabras,
cansado estoy de[2] repetir
palabras para ti[1][16]
pidiéndote calor,[15][9]
pidiéndote calor.[3][15]

BROWN SUGAR,

de Mick Jagger y Keith Richard,

éxito

de Rolling Stones

Gold coats slave ship bound for

cotton fields

sold in a market down in New Orleans

scarred old slaver know he's doin' alright.

hear hiw whip the woman just around

(midnight

brown sugar how come you taste so good

brown sugar just like a young girl should

beating cold english blood runs hot

lady of the house wondrin where it's

gonna stop.

House boy knows that he's do in alright

you should a heard him just around

(midnight

brown sugar how come you taste so good

brown sugar just like a young girl should

I bet your mama was a tent show queen

and all her girl friends were sweet sixteen

I'm no school boy but I know what I like

you should have heard me just around

midnight

brown sugar how come ycu taste so good

brown sugar just like a young girl should

I said yeah I said yeah I said oh.

212

20
My friend came to me with
11
Sadness in his eyes

Told me that he wanted help before
12
his country dies
20
Although I couldn't feel the pain

I knew I had to try
11
Now I'm asking all of you
12
To help us sabe some lives
20   12
Bangla-desh bangla-desh.

Where so many people are dying fast
11
And it sure looks like a mess I
14
I have never seen such distress
12
Now Won't yoy lend your hand try

to understand
11   12
Relieve the people of bangla-desh·

BANGLA DESH

20   12
Bangla-desh bangla-desh.

Such a great disaster

I don't understant
11
but is sure looks like a mess
14
I´ve never known such distress
12
Now please don´t turn away
I want to hear you say
11   22   12
Relieve the people of Bangla-Desh.

Now it may seem so far from where

we all are
11
It's something we can't reject
14
that suffering I can neglect
11
Now won't you give some bread
12
Get the starving fed
11   22   12
We've got to relieve Bangla-desh.

EXITO DE

GEORGE

HARRISON

HERE, THERE AND EVERYWHERE,

de Lennon y Mc Cartey,

éxito de los Beatles

To lead a better life,
I need my love to be here,
Here making each day of the year
Changing my life with a wave of her hand
Nobody can deny taht there's something there
There running my hands through her hair
Both of us thinking how good it can be
Someone is speaking but she doesn't know he's there
I want her everywhere and if she's beside me
I know I need never care
But to love her is to meet her everywhere
Knowing that love is to share
Each one beliving that love never dies
Watching her eyes and hopping I'm always there
I want her everwhere...etc.

214

♪ ♫ *ÍNDICE* ♪ ♫

Í N D I C E

♪ ♫ *ÍNDICE* ♪ ♫

♪ ♫ *ÍNDICE* ♪ ♫

♪ ♫ *ÍNDICE* ♪ ♫

♪ ♫ *ÍNDICE* ♪ ♫

♪ ♫ ÍNDICE ♪ ♫

♪ ♫ *ÍNDICE* ♪ ♫

♪ ♫ *ÍNDICE* ♪ ♫

NOTAS MUSICALES

El sistema actual para escribir música ha
evolucionado durante cientos de años. Al final de
la época romana se ideó un sistema que empleaba
las letras de la A a la G para representar la escala
de las siete notas. La normalización del
pentagrama de cinco líneas para determinar el tono
se introdujo en el siglo XVII.

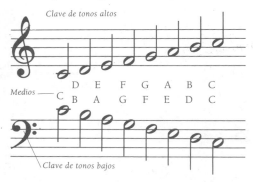

A prenda a Tocar Guitarra sin Maestro,
se terminó de imprimir en
septiembre de 2003. La edición consta
de 1000 ejemplares más sobrantes para
reposición. La impresión de forros e
interiores se llevo a cabo en el taller de
litografía de: *Berbera Editores S. A.
de C. V.* Ubicado en Delibes 96   Col.
Guadalupe Victoria C. P. 07790 México,
D. F.   Tel: (55) 5356-4405
Fax: (55) 5356-6599